出口治明
Haruaki Deguchi

働く君に伝えたい「お金」の教養

ポプラ新書
251

はじめに

あるとき、僕のところに、ひとりのビジネスパーソンが訪ねてきました。とても深刻そうな顔をしています。

「出口さん、僕はとても不安です。日本経済はずっと停滞していて、高度成長はおろか「景気がいい」状態を知らない。いまの職場が10年後どうなっているかもわからない。政府はとんでもない財政赤字を抱え、少子高齢化は深刻だし、年金だって破綻間近だと聞きました。いまはなんとか普通の生活をしているけれど、がんばったからといって明るい未来が待っているわけでもなさそうです……。出口さんのような『逃げ切り世代』になれない僕は、これからがとても不安です」

驚いた僕は、「まあまあ」と座ってお茶を飲んでもらい、じっくりと彼の話を聞いてみることに。すると、その不安の正体がわかってきました。

「このご時世、ローンを組んでまで家を建てていいのだろうか」

「もらえる年金がいまのお年寄りよりずいぶん少ないと聞いた。実際はどうなのだろう」

「いまのお年寄りはいい時代を過ごしてきたのに、自分たちが支えるのは腑に落ちない」

「定年までにいくらくらい貯めておけば安心なのか」

「このままの収入では、子どももつくれないのではないか」

「親だっていまは元気だけど、介護になったらいくらくらいかかるのだろう」

そう。彼にとって、「将来の不安」とは「お金の不安」だったのです。そのせいで、自由でチャレンジングな人生を送ることに躊躇《ちゅうちょ》していたようでした。いま本書を開いているみなさんも、似たような不安をどこかで感じているかもしれません。

たしかに僕が就職した1970年代は、日本全体が右肩上がりの時代でした。一方、いまは右肩上がりの時代とはとても言えません。少子高齢化で人口は減り続けているし、経済が急成長しそうな気配もなく退職して給与がもらえなくなってからも、人生は何十年と続く。そのうえ、年金支給年齢はどんどん引き上げられそうだ。安泰だと思われていた有名企業の倒産だってごく普通に起こっているし、終身雇用も年功序列もない。……このように要素だけを並べてみれば、不安になるのもよくわかります。

では、「こんな時代に生まれたから仕方がない」とあきらめ、不安を抱えながら細々と生きていかないといけないのでしょうか。

そんなわけはありません。

いったいどうすれば不安から脱け出すことができるのか？　どのようにお金

とつきあえば、一生お金に振り回されず、楽しく自由に生きていけるのか？

その答えを、本書をとおしてお伝えしていきます。

この真っ青な顔をしたビジネスパーソンが訪ねてきたのも、何かの縁。彼の不満や疑問を軸にして「お金」の話をしよう、というわけで本書が生まれました。これからお話しする内容は、この時代に生きるすべてのみなさんに知っておいてほしいことです。


ここで少し、自己紹介をさせてください。

僕の名前は出口治明《でぐちはるあき》。大学を卒業して1972年に日本生命に入社して以来、会社とお客様のために一所懸命働き、さらには保険業界全体がよくなるように金融制度の改革・保険業法の改正にも尽力してきました。

そして、一般には定年の時期である還暦を目の前にして、「保険料を半分にして、安心して赤ちゃんを産み育てられる社会をつくりたい」「若い人たちが心おきなく人生にチャレンジできるよう、安くて、わかりやすくて、便利な生

第1章のテーマは、お金について「知る」べきこと。みなさんがお持ちの漠然とした不安や疑問を、まずはデータ（数字）とファクト（事実）を見ながらとことんつぶしていきます。戦後の高度成長のころとは違う「いまの時代」は、本当に暗いのか？　世の中を見る目が変わり、人生が楽しくなるはずです。

第2章は、「使い方」について。ほんの少し考え方を改めるだけで、お金をむだなく楽しく使えるようになる。つまり、日々の生活までもが楽しくなります。そこで本書の核ともなる原理原則、「財産三分法」から話をはじめましょう。眉間にシワを寄せながら倹約に勤しんでいるあなたも、給料日前はいつもカツカツになってしまうあなたも、必読です。

第3章は、「貯め方」について。不安の矛先として向かいがちなのが、貯蓄額。ただし、必死に貯蓄して通帳残高を増やしていくだけでは、幸せにはなれません。月々の貯蓄の目安やほんとうに必要な貯蓄額、そして幸せの概念についてお話しします。ここではみなさんにオススメしたい保険についてもご紹介。さらに、「遠い話」と思っていると、いざというときに泡を食ってしまう「親からの相続」についても触れていきます。

第4章は、「殖やし方」について。ここでは、投資についてお話ししていきます。投資と言っても、まずは「お金への投資」ではなく、「自分への投資」について。最近はリスキリングという言葉も注目されていますが、いかにいまみなさんが持っている「自分」という資産を大きくしていくか。それが、みなさんに課せられた宿題です。また、「お金への投資」については、ずばり、オススメの投資方法についてお話ししましょう。投資は、「経済に詳しい人だけのもの」ではありません。「損したくないし……」と敬遠することなく、投資も視野に入れてお金とつきあってほしいと思います。

第5章は、「稼ぎ方」について。みなさんにとってもっとも必要なのは、貯めることでも殖やすことでもなく、きちんと働いて稼ぐこと。なにせ、平均寿命90歳時代も目前ですからね。親世代とはまったく違う働き方を知り、これから人口が減っていく日本で楽しく生きていくための心構えと働く意味について考えていきましょう。

残念ながら、この本を読んだからといって、すぐに3億円儲かる、なんてオイシイ話はありません。なんの苦労もなく1億円もの貯蓄ができていた、なんて奇跡も起こりません。

しかし、むだな不安から解放され、楽しくお金を使い、残し、殖やしていくことで、幸せな人生を送れるようになる。そう断言することはできます。

お金のことで死ぬまで不安に思うことなく、楽しく生きていけるようになること。

お金に支配されることなく、お金を支配できるようになること。

これが、本書のゴールです。

みなさんの人生は、長い。その最後の最後まで不安にとらわれず、自由に、お金に縛られずに生きていくために知っておくべきことは、すべてお伝えしていきたいと思います。

人間は次の世代のために生きている。そして、次の世代へ自分の知識や経験を伝えることこそ、団塊世代の僕に課せられた使命なのだと、常々考えています。

この本を通じて、次の時代をつくるみなさんに少しでもバトンを渡せたら、これ以上うれしいことはありません。本書についてのご意見・ご感想は、気軽に僕のメールアドレスまでお寄せください（宛先：hal.deguchi.d@gmail.com）。


最後になりましたが、本書は２０１６年に刊行した単行本を、情報を更新して、新書化したものです。単行本の際には、編集の天野潤平さんと、僕の講義をすてきな文章に整えてくださったライターの田中裕子さんにお世話になりました。また、ライフネット生命のいわば若手代表として、飯野和宏さん、貞岡杏奈さん、関谷誠さん、原由美子さん、板東慶一郎さん、米盛翔一郎さんからアドバイスをもらいました。みなさん、本当にありがとうございました。

単行本刊行時からも、社会の状況は刻一刻と変わっています。経済や政治もそうですし、まさか新型コロナウイルス感染症によるパンデミックが起こるなんて想像もしていませんでした。

けれど、本書に書いたことはどんな時代でも変わりませんし、どんな年齢でも立場でも資産状況の方でも当てはまるのは先に言ったとおりです。普遍的だからこそ、原理原則なのです。

働く君に伝えたい「お金」の教養／目次

第2章　「使う」編

第3章　「貯める」編

不安は貯めることへの執着から生まれる　125

第4章 「殖やす」編

第5章 「稼ぐ」編

第1章

「知る」編

なぜお金には、不安ばかりがつきまとうのか?

国が経済成長するのは「普通」なのか

――日本は90年代以来ずっと不景気で、経済も国の勢いも右肩下がりのようです。「会社にいれば給与が上がる」わけでも、「正社員なら安泰」なわけでもありません。しかも少子高齢化で、将来年金が支給されるのかも不安。いったい、どう生きていけばいいのでしょうか？

まず、率直に言えば、質問の前提が間違っています。間違っているというか、勘違いしているんですね。

世の中って、本当に右肩上がりが「普通の姿」なのでしょうか？

たしかに、戦後の日本は高度成長しました。「右肩上がり」の時代が長く続き、なんとなく世の中も明るいムードに満ちていました。給与は上がる、人口は増える、生活はみるみる豊かになる、黙って働けばほとんどの人が出世できる。みなさんからしたら、うらやましい話かもしれません。

けれど、それはどのくらい続いた話だと思いますか？　敗戦が１９４５年。

そしてバブル崩壊が１９９１年ごろですから、じつは、50年も続いていないのです。

ここで、時計の針を思いっきり巻き戻して、日本の歴史を振り返ってみましょう。遡ること、縄文時代。教科書では数ページで終わってしまう縄文時代は、およそ1万年前後続いたと言われています。

この1万年もの間、縄文人はすごくリッチな生活を送っていたんですね。

何がリッチかと言えば、気候がよくて、海の幸も山の幸も豊か。彼らは狩りが上手だし、人口もいまよりずっと少ないから、食べ物が足りなくなることも、環境破壊の心配もない。人口は増えも減りもせず、社会の大きな変化もない。平和で豊かに、同じような生活水準で暮らしていたと言われています。日本列島に人類が住みつき、縄文時代がはじまったのが1万４０００年～1万５０００年前。そのうちの1万年だから、そうとう長い間、安定した暮らしをしていたことがわかるでしょう。

さて、1万年も横ばい状態だった時代と、半世紀にも満たない右肩上がりの時代。

歴史的に見て、どちらが「普通」のことだと思いますか？

もちろん歴史上には、「鉄器が一斉に普及した」とか「農業の効率が格段に上がった」といった、高度成長時代がときどき発生します。しかし、人類史上全体から見ると、そちらのほうがイレギュラーな事態。近いところでは江戸時代も安定（≒停滞）していて、265年間ずっと右肩上がりだったわけではないのです。つまり、右肩上がりが正常な状態というのは、ここ数十年間の偏った認識なんですね。

目の前のことで不安になったら歴史を振り返ってみるというのは、近視眼的になることを防ぐいちばんの方法です。でも、テレビや雑誌を見ていると不安になるのもよくわかります。

なぜメディアは不安を煽るのか

それでは、「どうして不安になるのか？」の前に、「そもそも、なぜメディアは不安ばかり煽るのか？」を考えてみましょう。

答えは簡単。不安を煽るほうが商売がしやすくて、「儲かる人」がいるから。それだけのことです。

残念なことに、メディアに不安を煽ろうとする一面があるのは否定できません。メディアで働く人も、メディアを通じて情報を発信したい外部の人たちも、それぞれに自分の「商売」があります。彼らは、商売を上手に回していくためのとっておきの方法を知っているのです。

それは、民衆、つまり僕たち一般市民の不安を煽ること。

たとえば、団塊世代の僕たちが若いころの話ですが、「オイルショック」という原油高騰騒動にあわせて、「紙不足になってトイレットペーパーがなくなる」という噂が流れました。そして、日本中の人たちが大量のトイレットペーパーを買い占める大パニックに発展したのです。もっと身近なところでは、健康不安を煽って商売する健康食品会社、お受験の不安を煽る進学塾など、いろいろありますよね。

不安になれば、まじめな人ほどなんとかしようと行動する。

そのまじめな人の行動の先には、必ず「儲かる人」がいる。

このことを忘れないようにしてください。お金に関しても、まったく同じです。お金の話題は不安を煽りやすく、何より儲かりやすい。そのため、意図的に情報が発信されていることが多いのです。

想像してみてください。

あなたが金融機関の営業担当で、お客様に老後の資産運用を勧め、金融商品を買ってもらわなければならないとします。そろそろ後輩も入ってきたし、結果を出さないといけない。ちょっと焦っているところですね。そんなとき、どのようなセールストークを展開するでしょうか。

「年金制度は崩壊しませんよ。安心してください」

「政府の財政も信用して大丈夫です。心配しないでください」

そのような説明では、誰も資産運用のための金融商品なんて買ってくれませんよね。

「年金制度は信用できません。自分の身は自分で守らないと」

「こんなに政府の借金があるなんて危ないです。海外に投資しましょう」

そう言って不安を煽ることで、商品を買ってもらおうとするでしょう。

なぜ、書店では不安を煽る本や雑誌が置いてあり、テレビではコメンテーターが深刻そうな顔をしているのか。それは、老婆心だけではないのです。メディアの情報に接するときには、「これで儲かるのは誰だろう？」と考えるクセをつけましょう。

それに、不安を煽ったりおトク感を匂わせたほうが純粋に「面白く」なるのですね。視聴率だって取れるし、本だって売れる。ネットの記事だって読まれる。

みなさんも、英語ができないと社会で通用しないと脅かされたら、「英語は時間をかけて勉強しないと上手くならない」（これは真実ですが）という本より、「この工夫ひとつで誰でも英語が話せるようになる」という本に目が向くでしょう？ 人間は元来そのような生き物なのです。

お金の不安はじつは「思い込み」

古今東西、儲けのタネは、ほんとうの価値を「知っている人」と「知らない人」のギャップのなかに潜んでいます。みなさんも「リテラシー」という言葉を聞いたことがあるでしょう。必要な知識を取り出して、上手に活用する力。簡単に言えば「ホントとウソを見極める能力」を指す言葉です。

「ホントとウソを見極める」ためには、次の2つのステップが必要です。

①政府や信頼できる民間の調査機関が集計・分析したデータ（数字・ファクト）を探す

②そのデータをもとにして、偏見を持たずにロジック（論理）を組み立てる

この2つのステップを踏む習慣さえつければ、「だまされる側」から脱出することができます。

みなさんが漠然とした不安を抱いているのは、まだ「お金リテラシー」が低い状態にあるからです。リテラシーの低い消費者がついついだまされてしまうのは、世界のあらゆる国々で、また歴史上のさまざまな場面のなかで証明されている事実。

本来なら諸外国のように「お金リテラシー」を義務教育で教えるべきなのですが、悲しいかな、日本の教育ではお金について教えてくれる授業がありません。だから、考える基準がない。足し算や引き算の四則演算の基礎を教えてもらっていないようなものです。

この本を通じて、「お金リテラシー」を身につけていただければと思います。

日本は借金ばかり増えているけど大丈夫？

――僕たちに「お金リテラシー」がないのはおっしゃるとおりだと思います。でも、実際問題として日本は借金ばかりが膨らんでいますし、「財政が破綻して年金も払われなくなる」とメディアは警鐘を鳴らしています。お金持ちの人がやっているように、個人で資産運用をはじめたほうがいいのでしょうか。

「日本政府も年金もアテにできない」という意見を見て不安になった。政府がそんな状況で、どうやって将来の安心を手に入れればいいのか悩んでいる。そういうことですね。

早速、ひとつの「不安への解」を示したいと思います。ただ、解を説明する前に、政府のお金の仕組みについて大前提を共有しておきましょう。

いま、日本の税収は、年間でおよそ65兆円です（2022年）。でも、毎年110兆円ほどのお金（一般会計）を使っている。なぜ、そんなことが可能なのでしょう？

借金をしているからです。政府もみなさんも同じで、収入以上にお金を使おうと思ったら、誰かに借りるほかに方法はありません。政府は、「国債」という金融商品を発行して、お金を調達しています。

もっとかみ砕いて言えば、「お金を貸してください」と政府が頼み、「いいですよ」とお金を貸してもらったら、「間違いなく貸しましたよ」と相手が証明できる証書として国債を発行しているのです。もちろんここでの借金は政府が責任を持って、利息をつけて返します。つまり貸す側からすると、貸した以上のお金が戻ってくる「投資」になるのです。

この「借金方式」をみなさんがマネをしたら、大変なことになってしまいますね。なにせ、給与とほぼ同額の借金を毎年積み重ねているのですから。

つまり日本は、予算を組む段階で「今年は１１０兆円使いたい。でも税収は65兆円くらいだから、足りない45兆円は借金でまかなおう。ちゃんと国債を発行するからよろしくね」と決めてしまっているのです。

政府が年金を払えなくなるのは、国債の買い手がいないとき

これは、国債を発行できるかぎり、政府はいくらだってお金をひねり出すことができるということです。もちろん年金や医療保険といった社会保障のお金だって、借金さえすれば未来永劫支払えます。

そんな政府が年金を払えないときがくるとしたら、どういうときか。誰もお

金を貸してくれなくなったとき、つまり国債の買い手がいなくなってしまったときです。こうなると、日本はお手上げです。それまで借りていたお金（発行していた国債）を返すこともできず、年金・医療やさまざまな行政サービスができなくなり、借金の棒引き（デフォルト）を宣言せざるを得なくなります。これがすなわち、政府が破綻するとき、です。

そもそも、日本の国債は誰が買い、保有しているのでしょうか。まず、政府の銀行である日本銀行ですね。でも、それだけではありません。銀行や証券会社、保険会社などの金融機関や個人投資家なども、国債の買い手です。

では、誰も国債を買わなくなり、日本政府がデフォルトを宣言して国債が紙くずになってしまったら、どうなると思いますか？

金融機関自身が破綻してしまう。つぶれてしまいます。というのも、みなさんが名前を知っているような大手銀行であれば資産の2割程度が、保険会社であれば資産の4割程度が日本国債で占められているからです。つまり、日本国債に投資されているのです。その他の金融機関も、少なくない金額を堅実な投

日本の国債って誰が持っているの？（2022年9月末速報値）

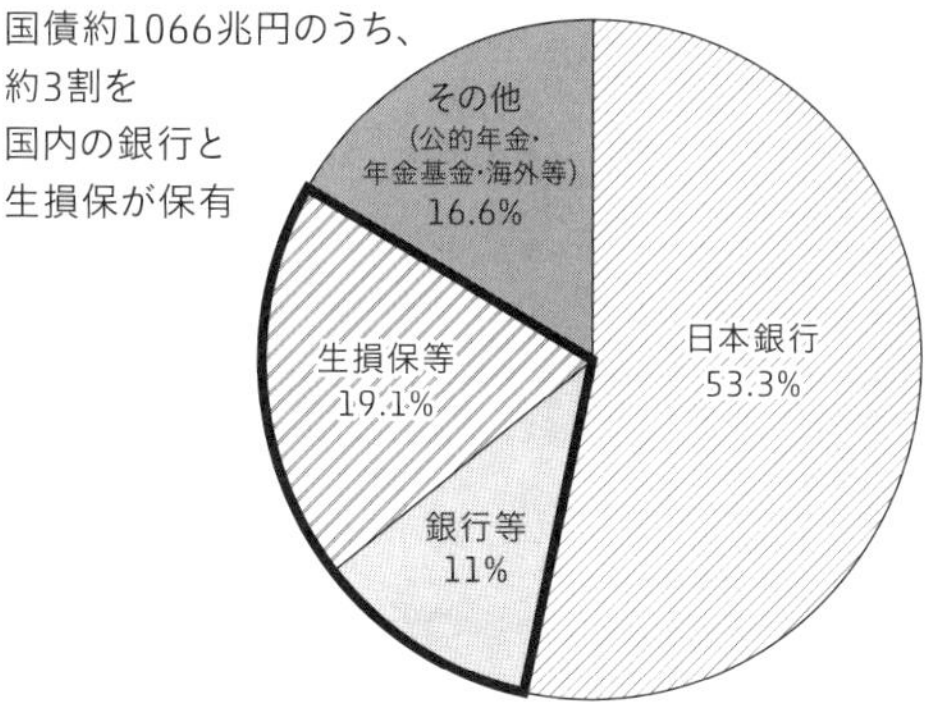

「国債等の保有者別の内訳（令和5年3月末（速報））」（財務省）より作成

資先として国債に当てています。

つまり、国債が紙くずになれば、政府が倒れる前に、金融機関が破綻してしまうのです。

そうなれば、みなさんが「政府は信用ならない」とせっせと金融機関に預け入れた個人財産も紙くずになってしまいます（金融機関が破綻した場合、通常であれば1000万円の預金までは保護されます。しかし、国が倒れるようなときはすべての金融機関が一斉に倒れるわけですから、まさしく未曽有の事態。どうなるか誰にもわかりません）。

国以上に安全な金融機関は存在しない

――でも、金融機関は賢いわけですから、日本国債が大変なことになりそうなときには「さっさと売ってしまおう」と思うのではないでしょうか？

いい指摘です。でも破綻って、怖いことに一瞬で起こるのですよ。株と同じで、いつ暴落するかなんて誰にもわかりません。

国の危機とは国債の危機であり、国債の危機とは金融機関の危機です。金融機関がつぶれても国はつぶれませんが、国がつぶれたら金融機関もつぶれます。近代国家では、その国以上に安全な金融機関など存在し得ないのですね。国の格付けを超える格付けを有する国内の金融機関が存在しないのは、これが理由です。

さて、これまでの説明で政府が信用できないから金融機関に自分で預けよう、という考えは間違っていることがわかったのではないでしょうか。国民年金の保険料を払うのをやめて、その分、自分で貯蓄しようとする行為などがその典型です。そういう人は、より安全なところ（国）からそうではないところ（金融機関）へと資産を移し替えていることになります。

ここで、「じゃあ、スイスの銀行に預ければいいのでは？」と思う人がいるかもしれませんが、紹介者なし、多額の財産なしで海外に口座を開くのは至難の業。審査はとても厳しいです。

さて、たったこれだけのことでも、「国民年金は当てにならないから、自分で頑張って貯めよう」と主張するテレビや本のいい加減さが、よく理解できると思います。

お金の正体とは？

もしかしたら、みなさんは「お金」の正体がわかっていないから、いたずらに不安になってしまうのかもしれません。ここでいったん、「お金」の役割や定義について足並みを揃えていきましょう。みなさんは、「お金とは何か」と聞かれたら、どう答えますか？

——学生時代には、

①価値の交換手段
②価値の貯蔵
③価値の尺度

の３つの役割を持つと習いました。

そのとおりですね。本格的に説明しはじめると長くなってしまうので、ごく簡単にお話ししましょう。

いまからおよそ5500年前、人類最初の文明がメソポタミアの南方、シュメール地方で興りました。そのとき、「いい働き」をした人はその労働の対価として、土地の支配者から大麦をもらっていました。そして、その大麦の束を運んで、服やほかの食料などの品物と交換していた。なぜ「労働の対価」と「品物」

を交換しなければならなかったかというと、必要なものやほしいものを、自分ですべてつくることができなかったからです。【①価値の交換手段】

ところが、いつも手元に大麦があるわけではありません。季節や気候にも左右されますし、時間が経つと腐ってしまう。

そこで考えついたのが、何十年、何百年経っても腐らない「金」や「銀」といった鉱物を大麦の代わりにすること。もともと価値の高かった鉱物を、みんなの「共通の価値を持つもの」として使うようになったのです。【②価値の貯蔵】

でも、金や銀は、多くの人が使うには発掘する量に限界があります。そこで中国の春秋時代（ＢＣ７７０年～）には大量に産出できる金属を原料に、加工がラクな青銅を使った貨幣が誕生し、宋の時代には紙幣も生まれました。どんなかたちになっても国家が「この通貨はこれくらいの量の金・銀と交換できます」と保証することで、貴重な鉱物と同等の価値を持つすばらしいものになったのです。【③価値の尺度】

このように、貨幣は本来の正貨である金貨や銀貨と交換できるからこそ価値を持っていたのですが（これを兌換《だかん》紙幣と言います）、日本では1942年、貨幣の価値そのものを、金と切り離して政府が保証するようになりました。不換紙幣、すなわち金と交換できないお金へと移行し、アルミニウムや紙がありがたがられるようになった。これが、いまみなさんが生きている世界です。

お金の成り立ちについてざっくりと説明してきましたが、どんどん人間がラクできるほうに、便利なほうに進化していったことがわかります。

お金とは「価値ある労働をした」という証明

ここで、みなさんにとくに頭に入れてほしいのは、①の「価値の交換手段」です。つまり、「なぜ大麦をもらえるようになったのか」。

はじめに大麦をもらえたのは、なぜでしたか？「いい働き」をしたからでしたね。一所懸命レンガを積んで建物を建てたり道路をつくったご褒美として、当時みんながほしがった大麦がもらえたのでしょう。

つまり、お金とは、「あなたは価値ある労働をしましたよ。世の中に価値を生み出しましたよ」と証明してくれるものなのです。

みなさんは、みなさんの労働によってつくり出した価値を、お金という万国共通の尺度と交換しています。それが、職場からもらう給与です。つくり出した価値に見合うものをもらわなければ「ボランティア」ですし、逆に、価値を生み出していないのに給与をもらってしまえば、俗に言う「月給泥棒」になってしまいます。

経営者側から見ると、給与とは、価値を生み出す従業員に気持ちよく働いてもらい、これからも引き続き価値を生み出してもらうために払う、「労働の再生産のためのコスト」でもあると言えます。

みなさんはいま、職場に「所属しているから」給与をもらっている、と思っているかもしれません。けれど、本質的にはそうではありません。「価値を生み出しているから」こそ、お金をもらえるのです。

つまり、価値さえ生み出し続ければ、何歳になっても、食いっぱぐれることはないということです。

年金とはそもそもなにか

——お金と労働の関係性はわかりました。価値を生み出し続ければ給与がもらえる、つまり食いっぱぐれることはない、ということも。でも、正直まだ心配です。とくに、年金制度。いまの現役世代が老人になるころには年金の支給年齢がさらに引き上げられ、支払われる額も減ると言われています。それに、年金制度自体が破綻してしまったら、年金だって払い損になるのではないでしょうか?

整理すると、気になっているのは、

・20~30年後、年金制度は機能しているのかどうか
・老後資金として年金を頼りにしていいのか

ということですね。

——はい。調べたところ、いま年金をもらっている高齢者は、それまでに支払った

社会保険料の、およそ4倍の年金をもらっているそうです。一方で、僕たち現役世代は2倍くらいしかもらえないと言われている。この数字を見ると、損をしていますよね？

なるほど、よくわかりました。世代間格差への不満もあるわけですね。では、順を追って考えてみましょう。具体的な話に入る前に、「年金とはいったいなんなのか」について簡単におさらいしていきます。

皆年金制度ができたのは、1961年。

敗戦から16年、世界を見ればベルリンの壁がつくられはじめ、日本国内では女子バレーが「東洋の魔女」と讃えられ、東京オリンピックを目前に快進撃を見せていた時代……と言うと、ずいぶん昔に感じられますね。

当時、男性の平均寿命は65歳前後でした。そして、町の八百屋さんなど、自営業を対象とする国民年金（基礎年金）の支給開始年齢も、65歳。いわば「平均寿命より長生きした分は、現役の労働人口で支えましょう」ということではじまったのが皆年金制度だったのです。いまのように長生きする人が少なかったため高齢者の割合も低く、1人の高齢者を支えるために必要な労働人口はおよそ10人前後でした。ひとつのサッカーチームで、1人の高齢者を数年間養う。そう考えると、まあ、できそうな感じがしますよね。

ところが、皆年金制度の誕生から50年あまり。いまや、男女ともに平均寿命は80歳を超えています。65歳の支給開始から20年近く生きるうえに、支える側の労働人口も減ってきている。サッカーチームどころではなく、「騎馬戦」から「肩車」に移行しつつあります。要するに若者2人、もしくはたった1人で、20年前後もの間、高齢者を支えなければならないのです。

さすがに国民年金は65歳支給を死守していますが、1961年当時は55歳から支払いがはじまっていた厚生年金（国民年金に上乗せして被用者、つまり雇われている人に払われる年金）の支給開始年齢は徐々に上がってきていて、現在では65歳に引き上げられることになっています。

65歳以上の1人を現役世代は何人で支えればいいの？

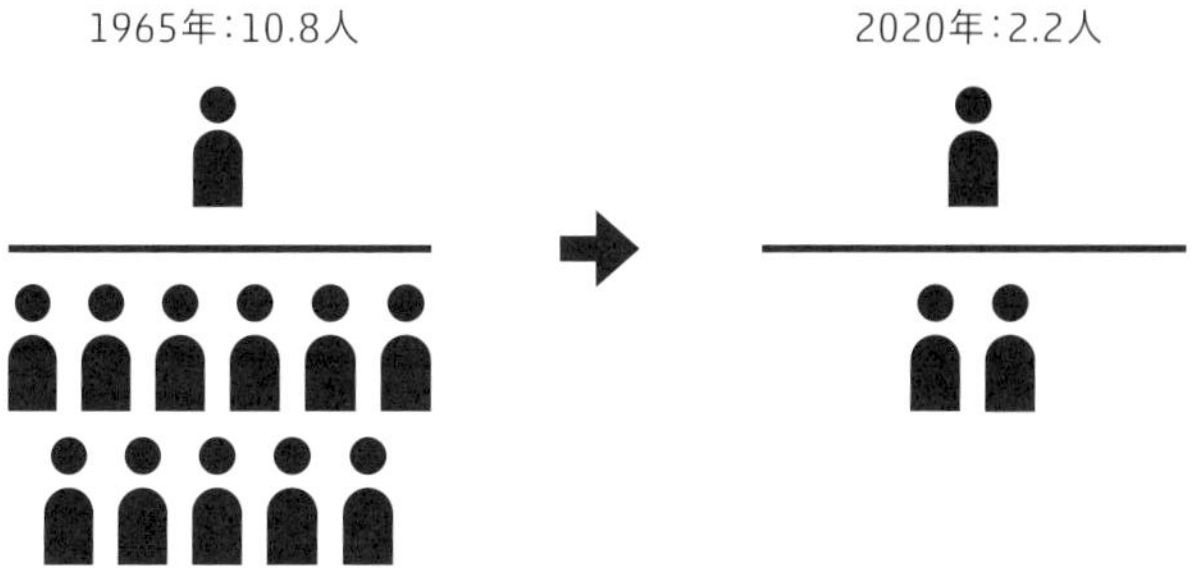

2065年には1.3人で1人を支えることに……！

内閣府「令和4年版高齢社会白書（全体版）」より作成

まず、この不公平を解消するためにはどうすればいいか。その方法を考えてみましょう。

不公平の原因には、「少子化」と「高齢化」の2つがあります。年金制度を支える側の人間が少なくなったことと、支えられる側の人間が多くなったこと。

このダブルパンチが年金制度を襲っているのです。

年金をもらう人口の割合が6％のときと25％のときとでは、同じ仕組みのまま、同じだけの給付を受けられるはずがありませんよね。制度をつくった人たちの先を見とおす力が弱かったこともあるかもしれませんが、いまさら恨んでも仕方がない。いま生きている僕たちでなんらかの解決策を見出さないといけません。

ヨーロッパは少子高齢化にどう対応しているか

さて、ここで少子高齢化社会の先輩、ヨーロッパなどの先進国をお手本にしてみましょう。先進国が「少子化」対策、「高齢化」対策としてとった政策をご存じですか？

まず、所得税（現役世代だけが払う税）から消費税（年齢フリーで全世代が払う税）への転換。これはわかりやすいですね。サッカーチームならいざ知らず、肩車で20年も支えるのであれば、誰しも高齢者にも負担を分かちあってほしいと考えるのが自然ですから。

次に「少子化」対策。ここでは、女性がいつ赤ちゃんを産んでも働きやすい環境を整備して、出生率を上げることが基本です。これは俗に「両立支援」と言われます。

特に、10年前後で出生率を0・4ポイントほど（1・6→2・0）上げたフランスの「シラク3原則」がよく知られています。これは、

・産みたいときに赤ちゃんを産んでも、そのことで女性が経済的に貧しくならないように給付を行う
・幼児保育を地方自治体に義務づける（義務教育と同じ扱い）
・育児休暇から戻ってきたとき、もとのランク（評価）でもとの職場が受け入れなければならない（法律で義務づけ）

とするものです。

けれど、いま女性の労働環境をよくする制度を整えたとしても、実際に「少子化」対策となる、つまり赤ちゃんが成長して労働人口になるのはずいぶん先のことですから、この話はひとまず横に置いておきましょう。

年金の不公平をなくすための2つの方法

では、「少子化」対策としていちばん速効性のある有効なプランは何か。

それは、移民を受け入れることです。

なるべく早く「支える側」の人間を増やすためには、即戦力になる労働人口を増やすしかありません。もう一度サッカーチームをつくるべく移民を受け入れるのは、もっとも有効な方法なのです。

ただ、島国である日本で移民をすぐに、そして大量に受け入れるのは、国民感情としては少し難しい気がしますね。

次に「高齢化」の対策を考えてみましょう。先進国では一般に定年などというものはなく、年齢フリーで働けます。そうすると、働いている間は年金をもらう側から支える側にシフトすることになります。超高齢社会の日本においても、定年制を廃止することは、年金制度のサステイナビリティ（ずっと続く力があること）を高めるうえでとても有効な政策なのです。

大切なのは、できないことを考えないこと。つまり、「解」にならない悩みは捨ててしまう、ということです。

いきなり大量の移民を受け入れることは「できないこと」。だったら、「世代間の不公平」などという言葉に惑わされず、少しでも「マシ」なほかの解決方法を考える。建設的な考えとは、そういうものです。

払った額の２倍もらえる年金は、損か

――では、世代間の不公平はあきらめろということでしょうか？　なすすべはないのですか？

世代間の不公平は、現役世代と高齢者の比率がずっと変わらず、かつ高齢者の平均寿命が延びない社会でない限り、どうしても生じてしまいます（そんな社会は人間の歴史上どこにもありませんが）。

けれど、落胆しないでください。「不公平が生じる」という事実だけで自暴自棄になる必要は、まったくありません。

10人で胴上げしていたのが2人で胴上げすることになったら、5倍大変です。寿命が延びて5年負担すればよかったものが20年になれば、4倍大変です。つまり、人口構成の変化によって1961年よりも、5×4＝20倍、現在の日本はしんどい状況になっているのです。これは小学生のかけ算ですね。

ところが、実際はどうでしょうか。先ほどの試算の数字を思い出してみてください。いまの高齢者は自分が払った保険料の4倍、みなさんは2倍の年金がもらえる、という話でしたよね。

おかしいですね。20倍しんどい状況なのに、たった2倍の差で済んでいる。これはなぜでしょうか。

答えは簡単。税金を入れているからです。基礎年金は、原則みんなから集めた社会保険料と税金で負担しています。もともと年金支払額の3分の1を税金でまかなっていましたが、いまは税金が半分。税金の投入によって、人口構成の変化から「生じるべき」格差よりずいぶんと小さい格差で済んでいるわけです。

ニュースを見ていると、「政府は何もしてくれない、政治家も逃げ切ろうとしている」ように思えるかもしれません。けれど数字とファクトをよく見れば、大きな格差が生じないように、それなりの対策を打っていることがわかるでしょう。なるべく、みなさんに損をさせないようにがんばっているのです。

――「世代間格差は起こるものだから、『思ったよりも差が小さいな。ラッキー』と思って受け入れる」のは、消極的な気がします。

だとしたら、よく似た考えを持つ人に選挙で投票するしかありません。そして、みなさんが満足する政策を打ち出す政府をつくるのです。

大切なのは「どうしたら自分たちは少しでもいい人生が送れるか」を考えることです。人生は短いもの。むだなことに思考を割くのはもったいない。損をしているという不安を持つこと自体が、むしろ損なのです。

「世代間格差」にとらわれすぎると不安になる

感情レベルの問題からもう一度整理しましょう。

多くの人が世代間格差への不満を持っているようですが、その不安は世代間格差が埋まりさえすれば消えるのでしょうか？　僕はたくさんの現役世代と話をしてきて、そうではない、と感じています。もちろん、できることなら世代間が公平であることがいちばん望ましいけれど、社会保障のなかで自分たちが満足のいくサポートを受けられれば文句は言わない。そういう人がじつは多いのですね。

世代間格差が多少あろうと、自分自身と家族が安心して暮らせればそれでいいやと考えている人のほうが、圧倒的に多いわけです。

もう少し広く考えれば、社会保障がそのときの国力や世の中にふさわしい仕組みになっていることが理想の姿であって、「すべての世代に公平に」などという考え方は現実離れしているし、そもそも不可能です。ものすごくクールに言ってしまうと、いまのお年寄りがいくら年金をもらっていようとも、自分たちが満足のいくサポートを受けられるかどうかには関係ないでしょう。

年金制度はサステイナブルであることが、何よりも大切です。支払った社会保険料に応じてサステイナブルに年金が支給されれば、年金制度の役割はじゅうぶんに果たしていると言えるのではないでしょうか。

「不公平議論」はなぜおかしいのか

ここで、なぜそう考えるべきなのか、という話をしたいと思います。

僕は1972年に日本生命に入社しました。いよいよ社会人になった4月、労働組合が新入社員に紙を配ってくれたのです。なんの紙かといえば、「大卒で入社したらだいたい55歳で部長になって、そのときの給与はこれくらいになります」「退職金はこれくらい出ます」などと書いてある、いわば、古き良き終身雇用・年功序列時代の「ほぼ確定された未来予想図」でした。それを受け取った僕に、先輩が「この紙を参考に住宅ローンを借りるんだぞ」なんて教えてくれる。それを「へえ、そんなものか」と思いながら聞いていたわけです。

ところが、数年後。同じように新入社員に配られた紙を目にした僕は驚きました。「55歳で部長になる」だった欄が、「55歳で課長になる」モデルに変わっていたのです。

つまり、高度成長のなかでたくさんの社員を採用したから、ポストから人があぶれるようになってしまったのです。それからさらに数年後、何が起こったと思いますか？　その紙自体が配られなくなってしまいました。いよいよ社員も増えて、とても未来予想図が設計しきれなくなったのでしょう。今年の春に日本生命に入社した人たちは、そんな紙の存在自体を知る由もないと思います。

これ、みなさんがいま抱えている「不公平感」とほとんど同じ状況だと思いませんか？　たった5歳、10歳年下に生まれただけなのに、同じ働きをしても、かたや部長職まで安泰で、かたや役職につけるかどうかもわからない。

でも、その原因は、社員が増え、ポストが足りなくなってしまったこと。つまりは社員構成の変化が原因です。「文句を言ってもしょうがない」と受け入れるしかありません。「出口さんのときは部長までいけたのに、この時代に生まれたせいで『未来予想図』が配られないのは不公平じゃないですか？ 僕たち、損をしていませんか？」と駄々をこねている新入社員がいたら、みんなから白い目で見られるはずです。だって、社会の変化を理解していない、まったく意味のない主張ですから。

もし「不公平だ」と騒ぐ新入社員がいたら、「じゃあ、社員が増えて、ポストが足りなくなったいま、どうすればみんなが昇進できるようになるんだ？ いいアイデアがあるなら出してみろ」と言われておしまいでしょう。

政府が破綻しない限り年金も破綻しない

民間の企業だったら、この「不公平議論」がおかしい、ということはすぐにわかります。それなのに、政府が介在すると「私企業じゃないんだから、なんとかしろ」「賢い官僚が政府を動かしているんだから、なんとかしろ」という意識が働くものなのです。もちろん市民の生命と財産を守る政府として、できるかぎりの是正は図るべきだと思います。実際、さまざまな改善策を提案している学者もいます。

でも、「すぐには是正できないくらいのスピードで時代が移り変わっている」という事実はみなさんも理解しておくべきです。歴史を見ても、「ずっと同じ状態」をキープするのは非常に難しいことなのですから。

でも、政府が破綻しない限り年金も破綻しないわけで、絶望的な状況にあるわけではないのです。

さて、もうじゅうぶんお話ししましたね。ここでみなさんの疑問に答えるならば、

・20～30年後、年金制度は機能しているのか

↓政府が破綻しない以上、つまり国債を発行できる以上、年金は支払われます。

年金制度に税金を投入している以上、支払い損となることはないでしょう。

・老後資金として年金を頼りにしていいのか

↓年金「だけ」に頼るのは反対です。将来の支給額がどうなるかは、この国が経済成長するか（パイが大きくなるか）どうか次第だということを覚えておいてください。

政府は結局、何をしてくれるのか

ではここで、年金の不安からいったん離れて、「政府は市民に対して何をしてくれる存在なのか」を考えてみましょう。みなさんは、政府の仕事ぶりにも不安を覚えているようですから。

いまお話しした年金制度をはじめ、医療保険制度などの社会保障は政府が担っています。みなさんもご存じのとおり、かつてアメリカは医療保険制度が整っていませんでした。オバマ政権下で改革（通称「オバマ・ケア」）が進んだものの、いまだ課題は山積みです（すべてを自費や民間の医療保険でまかなう必要がなくなっただけマシなのですが）。

一方、日本の場合、医療費は原則３割負担。みなさんも、具合が悪いときは割と気軽に病院に行けるでしょう？　アメリカだと、そうはいきません。これも、政府が医療保険制度をつくり、きちんと運営してくれているからですね。ちなみに、アメリカを除く世界の先進国のほとんどが、日本と同じように皆年金・皆（医療）保険制度を適用しています。

もし、かつてのアメリカのように10割負担にしてしまえば政府の仕事はラクになるし、税金や社会保険料だって安くなるでしょう。そんなメリットを捨ててでも、先進国が皆年金・皆保険制度を採用しているのには理由があります。

市民にセーフティネットを提供するためです。サーカスでは、空中ブランコや綱渡りで失敗しても、セーフティネットが張り巡らされているから大きなケガをしなくて済みますよね。だからこそ、思い切って難しい技に挑戦できます。もしセーフティネットがなかったら、絶対に失敗はできない。落ちたら、命取りになるからです。そうなると恐怖心が勝り、はじめの一歩を踏み出せないでしょう。

政府の役割も同じです。市民がチャレンジしたとき、万が一のことがあっても、ある程度の生活ができるようサポートする最後の砦（ラストリゾート）がセーフティネットです。

だから、「どうして政府は借金をしてまで年金制度を維持しようとするか」に対する答えは簡単。年金をなくしたら、社会が不安定になるから、です。

社会保障がなければ親に仕送りしないといけない⁉

社会保障、とくに年金や医療保険がなかったら、みなさんは退職したお父さんとお母さんに毎月生活費や医療費を送金しないといけません。もしかしたら、病気やケガで働けない兄弟姉妹の面倒まで見なければならないかもしれない。そんなとき、自分の収入だけで家族全員を養うのは大変すぎますね。

だからこそ、子どもであるみなさんの代わりに、社会全体で集めたお金を困っている家族に仕送りするのが政府の役割なのです。そのために使うのが、みなさんの税金や社会保険料。

このように考えると、将来の支給額は将来の日本の豊かさ次第だということがよくわかりますね。

――なるほど。逆に言うと、年金や医療保険は、資産のある人たちにとっては不要な制度だということですよね？　自分の稼ぎのなかから払えるし、老後も莫大な資産を切り崩して過ごせばいいわけですから。そういう裕福な高齢者の年金や医療費を、なぜ苦しい生活をしている現役世代が支えなければいけないのですか？

言いたいことはわかります。みなさんの何十倍も資産を持っているお金持ちの高齢者のためにどうして払わないといけないんだ、ということが不満なんですよね。まず制度的な面で言えば、どこからが給付が不要な富裕層で、どこまでが給付の必要な層なのか、線引きが難しいということがひとつ。また、資産をチェックするにはマイナンバーの普及も必要です。

そして何より、いまのお金持ちが、死ぬまでお金持ちでいることを保証されているわけではないのです。

努力ではどうしようもない、まじめに生きているからといって回避できない災難というのは、誰にでも降りかかるものです。連帯保証人になって破産してしまうかもしれない。ビジネスで失敗するかもしれない。

いかんせん、誰も「自分は絶対に大丈夫」とは言い切れないはずです。だから、お金持ちでも、そうでなくても、社会保障という制度が社会的には必要なのです。

——年金はともかく、手当や助成金は給付される人が偏っていませんか？　たとえば、シングルペアレントや、生活が立ちゆかなくなった人。これは不公平ではなく、「誰でもそちら側になりうるから」ということでしょうか？　誰が「給付される側」になるかわからないからみんなで負担しましょうよ、と。

そのとおり。ただ、「年金はともかく」ではありません。年金だって、支給年齢直前に亡くなった人は1円ももらえないわけですし、100歳まで長生きした人は、払った分よりはるかに多い年金をもらうことになる。これもある種の偏りと言えるでしょう。

社会的弱者になるかもしれないし、早くに亡くなるかもしれない。これは、言葉は悪いですが……誰でも引く可能性があるクジのようなものです。

そのクジを引いてしまったとき、年金や医療保険の社会保障がないと、極論すればのたれ死ぬしかありません。それを避けるために、みんなからお金を集めて、必要な人に配るのが政府の仕事です。

セーフティネットは民間でやっても儲からないし、全地域・全市民をカバーする仕事など面倒すぎる。誰もやりたがらないでしょう？　この「誰もやりたがらないこと」を担うのが政府の役割なのです。

「負担が給付」の大原則

ここで、年金や医療保険などを含めた社会保障の原則が見えてきます。それは、「負担が給付である」ということです。

つまり政府の役割は、弱者や困っている人を助けるために、必要な費用をみんなから集めて配ることです。ですから、基本的には、市民が負担する税金や社会保険料の総額以上には給付できないのですね。現実には国債でまかなっている部分もあるけれど、「集めた分でまかなう」のが基本スタンスだと考えてください。

さて、お待たせしました。ここでようやく、年金の話に戻りましょうか。

みなさんは、基本的には年金をたくさんもらいたいのですよね。そう思ったら、どうすればいいでしょうか？

たくさん給付してもらうためにはたくさん負担する、が唯一の正解です。それ以上でも以下でもない。だから、ヨーロッパは消費税（付加価値税と呼びます）が20〜25％の国が多いのです。たくさん給付してほしいから、たくさん負担する。たくさん保障してほしいから、たくさん払う。その原則を市民が理解しているのです。

しかし、市民の負担と政府の給付の関係を見ると、日本の場合、負担の重さはOECD（経済協力開発機構。38の先進国が加盟）平均より低く、給付（その代表である社会保障）の手厚さはOECD平均より高いのです。これは、どう考えてもサステイナブルではありませんね（現在では、この差を国債で埋めています）。

では、具体的にどうすればいいのでしょうか。現在せっせと汗をかいて働いているみなさんは、高齢者を支えるために税金や社会保険料を払っています。騎馬戦チームの下にいる数人の現役世代が、上にいる高齢者のために払っているお金です。

しかし、騎馬を組んで20年も戦うのは、だいぶしんどい。「おじいさん、おばあさん、お金あるんだったらちょっとは助けてよ」、つまり「ちょっとは自分で負担してよ」と思いますよね。

リッチな高齢者に助けてもらえるのが消費税

高齢者のなかでも富裕層はみなさんよりずっとリッチな生活をしています。そんな「リッチなおじいさんおばあさんたち」に助けてもらえるのが、消費税。この高齢者たちにも「負担」してもらおう、という考え方です。

いくらリッチでも、退職した高齢者には所得税や社会保険料はかかりません。所得税は、稼いだお金にかかるものですから。でも、孫に高価なオモチャを買ったり、バリアフリー住宅にリフォームしたり、高級老人ホームに入居したり、何かを「消費」したら消費税は払います。ですから、基礎年金（＝給付）に使うお金の出どころ（＝負担）として、所得税のウェイトを減らし、消費税のウェイトを増やせばフェアだとは思いませんか？

リッチな層ほど高額商品を購入する傾向にありますから、消費税の負担額も自ずと大きくなる。その意味で、消費税はとてもフェアな仕組みなのです。

働いてはいるけれど生活に余裕のない若者だけではなく、たくさんお金を持っている高齢者にも支払ってもらう。そのほうが「世代間」にとってもよほど公平です。

けれど、消費税が25％になってしまうと、まだ収入の多くない若い人たちの負担まで大きくなってしまいますよね。そこで、少子高齢化社会の先輩であるヨーロッパ諸国では、消費税（付加価値税）を高い税率に設定する代わりに、教育費や医療費を低く抑えたり（そうすると若い世代の暮らしはラクになります）、貧しい人びとには給付を手厚くしたりと、バランスをとっています。

一方、アメリカには消費税（付加価値税）という概念はありません（売上にかかる税金がある、設備投資には税金がかからないなど、アメリカ独自の制度があります）。なぜ必要ないか？　人口が増え続けているからです。アメリカの人口は現在約3億3０００万人ですが、２０５０年には3億8０００万人ほどになると言われています。つまり、日本でいうところのサッカーチームが、ラグビーチーム（13人〜15人）になる見込みがついている。労働人口が増えているなら、所得税に頼るほうが理にかなっている、というわけです。

「不安お化け」を撃退する

さて、ここまでいろいろな「不安」についてお答えしてきました。

社会は、ものすごいスピードで変化しています。でも、変化していることに気づいている人は、あまり多くはないのですね。

その変化を捉えるためには、Ｘ（旧ツイッター）やフェイスブックなどのＳＮＳやメディアを盲信してはダメです。

自分で一次データを見て、数字やファクトをきちんと把握して、自分のアタマで考えるしかありません。いままで情報を受動的に受け取ってきた人にとっては一苦労でしょう。でも、これが「お金リテラシーのある人」への第一歩でもあります。

不安になる気持ちもよくわかります。けれど、それがホンモノの不安なのか、ニセモノの不安なのか。行動したら少しでもよくなる不安なのか、考えるだけムダな不安なのか。そうした区分けをハッキリさせることからはじめてください。

まずは「世代間の不公平論」を鼻息荒く語る人は自分の儲け第一で、だいたいが勉強不足か、世の中をマクロで見る能力がちょっと足りないんだな、と判断することからはじめればいいでしょう。

強いて言えば、政府の借金が膨らんでいるのはみなさんにとって不幸と呼べるものかもしれません。でも、さっき言ったように、これは過去の政策の蓄積ですから「言っても仕方ないこと」です。

ただ恨み節を言ったり悩んだりするのは時間のムダ。「どうしたら多少なりとも改善に向かうのかな」と考えて、選挙があれば自分がベストだと思う提案をしている人に投票する。あとは仲間と楽しくおいしいものを食べて、お酒を飲んで、ゆっくり寝て、仕事をがんばればいいのです。悩む時間があるなら、もっと自分のアタマで考えましょう。

お金に苦労する人は、データを見ず、自分で考えない人です。

お金に振り回される人は、考えても仕方がないことを考える人です。

お金で損をする人は、与えられた情報を鵜呑みにする人です。

まずは一呼吸おいて、「それって、ホント？」と問いかけるクセを身につけてください。

第2章

「使う」編

幸福かどうかを決めるのは貯蓄額ではない

知っておくべきセオリーは「財産三分法」だけ

——第1章で、僕たちが陥っている「不安の正体」についてはよくわかりました。でも、具体的な「お金とのつきあい方」がまだよくわかりません。年金や医療保険のような大きなレベルのお金ではなく、毎月の給与といった「自分のお金」と、どうつきあっていけばいいのでしょうか。

では、具体的なお金とのつきあい方についてお話ししていきましょう。

いまみなさんは、自分の毎月の給与と手取り、そしてそれをどれくらい使い、どれくらい預金しているか、把握していますか？

お金のセオリーを学ぶ前に、まずは給与明細を確認しましょう。手元に明細を用意してくださいね。確認事項は3つです。

①額面の金額は職場との約束どおりになっているか

……就業するときの取り決めと相違ないか。就業して数年経っている人は、就

業時に比べてどれくらい給与に変化があるかなど。
②税金、社会保険料などいくら引かれているか
……所得税、住民税、健康保険料など。人によっては労働組合費など。
③税金が引かれた結果、「手取り」でいくらもらっているか
……実際に口座に振り込まれ、自由に使えるのは手取り分のお金。年収ベースではなく手取りベースで計画を立てること。

給与明細は、みなさんのお金の「入り口」を1枚で表したものです。

いったい何枚の一万円札が職場から払われて、それが自分の手元に届くまでに、どこに何枚振り分けられているのか。それは、いったい何に使われているのか。そして、何枚が実際に手元に入ってくるのか。一つひとつの項目を追いかけてみてください。ついつい、実際に口座に入る「手取り」の額だけを見てしまいがちですが、給与明細をじっくり眺めることは、お金について考える習慣を身につける第一ステップです。

さて、ここまでチェックしたら、次は自分の労働の対価である給与をどう分けてどう使っていくのか、お金の大原則に当てはめて考えていきます。

その大原則の名は、「財産三分法」。非常にシンプルかつ、一生使えるノウハウです。

「手取りでもらったお金を『財布』『投資』『預金』の3つに振り分ける」

財産三分法の考え方は、以上です。

たったそれだけ？　と思いましたか。でも複雑だったら大原則にならないでしょう。シンプルだから、どのような仕事でも、給与がいくらであっても同じように使うことができる。とても使い勝手のいいルールです。

3つの内訳について、それぞれ説明しましょう。

①日常で使うお金＝「財布」

お金の大原則「財産三分法」とは？

お金は3つに分けて管理しよう！

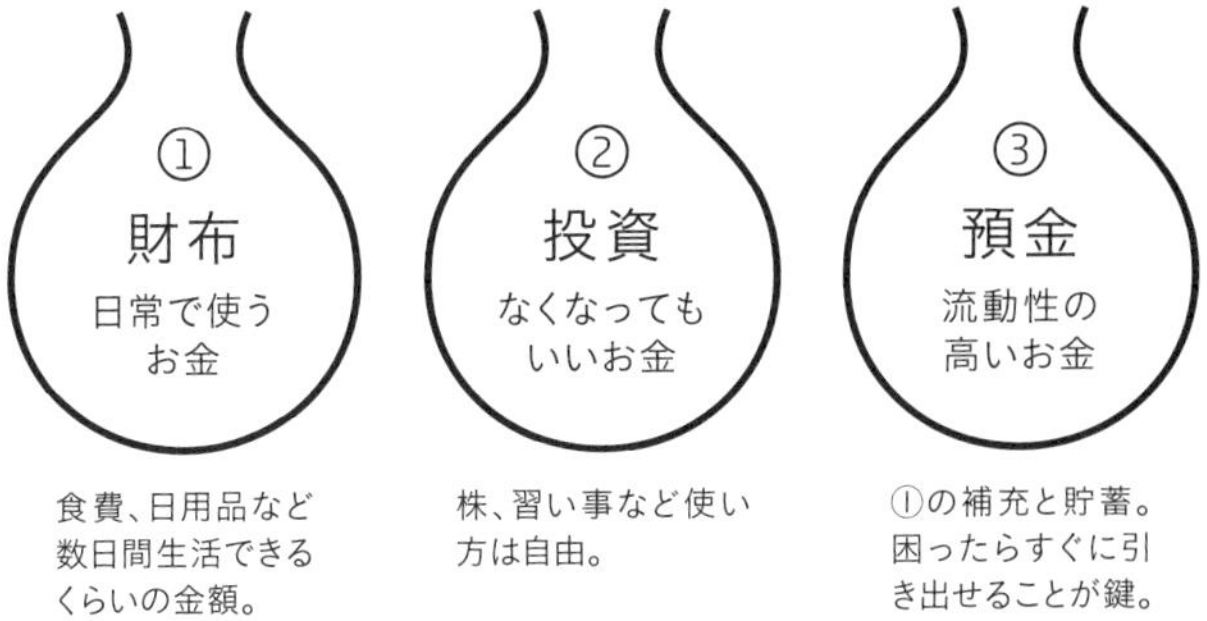

食費、日用品など
数日間生活できる
くらいの金額。
株、習い事など使い
方は自由。
①の補充と貯蓄。
困ったらすぐに引
き出せることが鍵。

まず、1つめのお金が、「財布」です。僕たちは、財布やスマホにお金が入っていないと日常の生活ができません。電車にも乗れないし、コーヒー1杯、パンひとつ買うことができないのです。たとえ口座に1億円入っていようとも、です。

もともと「財布」は「その日に必要なお金を入れておく場所」なんですね。衣食住に使うお金、日用品、書籍などの趣味に使うお金、病院代、美容代……。これらの「生活費」が「財布」に分類されます。数日間から1週間過ごすなかで必要になりそうな金額を、

「財布」に入れておくといいでしょう。

全国の20〜40代の会社員を対象にした調査では、普段から現金を使う現金派は、全体の4分の1。彼らがお財布に入れている金額は、「1万円〜3万円未満」が28・6％でもっとも多く、それに続く「5000円〜1万円未満」が27％でした。

一方、QRバーコード決済や電子マネー、クレジットカードを使うキャッシュレス派は74・6％で全体の4分の3を占めています。彼らのお財布に入っている金額は、「5000円〜1万円未満」が32・7％で一番多かったそうです。

誰に教わったわけでなくても、みなさんも経験値としてこれくらいは財布に入れているのではないでしょうか？　ちなみに70代の僕は、平均すると2〜3万円ほどでしょうか。

基本的な日常生活を成り立たせるお金。これが1つめのお金、「財布」です。

②なくなってもいいお金＝「投資」

そして2つめのお金。それが、「なくなってもいいお金」です。

まずは、みなさんそれぞれがこの金額を決めなければなりません。わかりやすく、いまの手取りを20万円と仮定しましょう。この20万円のなかから、一万円札が何枚なくなっても1ヶ月間生きていけますか？

この問いにパッと答えられた人は、普段から収入と支出の管理をしっかりしているということですね。「皆目見当もつかない」という人は、まず2〜3ヶ月、お金の出入りを意識して暮らしてみてください。月末に一万円札が1枚残っているのか、3枚残っているのか、それとも残るどころか給料日前はハラハラドキドキの1週間を過ごしているのか。ひとまず、現状をチェックしてみましょう。

トライする前から「絶対に残らない」と確信を持っている人は、「2万円給与が減ったつもりでがんばってみよう」とあらかじめ枠を決めてしまう手もあります。そして、心に決めた「なくなってもいいお金」を先に手取りから引いてしまう。その残りの額から支出がはみ出ないよう、「来月はカフェ通いを3回我慢して1000円浮かせよう」「終電を逃してタクシーに乗り、2000

円ムダ使いしたのが痛かった」「やっぱりこの計画には無理がある。来月は2万円でなく1万5000円で試してみよう」などと、ラン&テストを重ねるのです。そのなかで、自分の「なくなってもいいお金」の額を決めていきましょう。

ラン&テストの結果、「どうやら自分は2万円ぐらいならなくなっても大丈夫だ」と把握できたとします。この「なくなってもいい」2万円を、何に使うか。

「投資」に回すのです。たとえば投資信託や株式投資など、お金を殖やすことにチャレンジしても構いません。

しかし、ただ一口に「投資」と言っても、「お金への投資」に限る必要はありません。たとえば自分のために英語を習ってもよし。「うまくいく保証はないけれど、うまくいけばリターンがありそうだぞ」と思えることに使います。

英語教室に通った結果、希望の外資系企業に転職してステップアップできるという大きなリターンがあるかもしれない。けれど、英語を使う機会がない場合もあるかもしれない。

そういう「どっちに転ぶかわからない」要素が含まれるものは、「なくなっても生活に困らない額」の範囲内で使うのが「財産三分法」のセオリーです。詳しい「投資」のやり方については「自分への投資」と「お金への投資」に分けて第4章でより詳しく説明しますので、ぜひ参考にしてください。

③流動性の高いお金＝「預金」

財布に入れ、投資をしたら、残ったお金はすべて金融機関に「預金」します。預金は、家賃や携帯料金、光熱費や生命保険料などの固定費を引き落とすためにも使われます。けれど、基本的には「財布を補充する」、そして「残ったお金を貯める（貯蓄する）」役割を担っています。

預金は、必要なときにいつでもお金（キャッシュ＝現金）を引き出せること、つまり流動性にこそ、その本質的な価値があります。財布にお金を補充するときや突発的なアクシデントが起こったとき、お金を引き出すのに手間どってしまっては大変でしょう。ですから、預金は金利の比較的高い定期預金ではなく、普通預金からはじめるのが鉄則です。金融機関に預けるからといって、金利をアテにするものではないのです。といっても、いまの日本の金利水準だと、アテにするほど高くはありませんけどね。

そうそう、「預金は流動性に価値がある」ということがわかっていたら、「日本の金融機関は金利がゼロに等しい。そのまま預金しておくのはもったいない。成長率の高いブラジル債を買いませんか？」といったセールスに引っかかることもなくなります。「このお金は、金利の高さではなく流動性が大事なんですよ」と言えますからね。

ブラジル債を買ってしまうと、急にお金が必要になったときに引き出せません。そもそも、「なくなってしまうリスクがあるものには『投資』のお金を使う」という「財産三分法」のセオリーにも反しています。

——ちなみに、預金するなら、やはりメガバンクのほうがいいのでしょうか？　地方銀行より安心なイメージがあるのですが、家から離れたところにしかなくて。

メガバンクであろうと、ゆうちょ銀行であろうと、信用金庫であろうと、地方銀行であろうと、経営が破綻したときには普通預金で1000万円までは政府が保護してくれます。つまり、信用性に差はありません。どこに預けてもそんなにメリットはありませんが、同時にデメリットやリスクの差もないのです。

ということで、口座を開設するときにはあまり心配せずに最寄りの金融機関を選びましょう。「格付けの高い金融機関のほうが安心では？」などと難しいことは考えなくていいです。

ここであらためて「財産三分法」をまとめます。

①日常生活で使うお金は「財布」に入れよう
②なくなってもいいお金はリターンが見込めそうな「投資」に回そう
③その他のお金は、いつでも引き出せるように「預金」しておこう

これがすべてです。

お金を「貯める」よりも「使う」ほうが大切

ここからは、財産三分法で「財布」に入れたお金の「使い方」についてお話ししていきたいと思います。

じつは、僕は「貯める」や「殖やす」よりも、「使う」ことのほうがずっと大切だと思っています。なぜなら、お金を使うってすごく楽しいことだから。

そして、使うことこそがお金の本質だから。ほしいものを手に入れたり、おいしいものを食べたり、すてきな音楽を聴いたり……。

そう、お金を使うときのルールはひとつだけ。「楽しいかどうか」です。楽しく、かつマイナスにならなければ、それでいいのです。

——待ってください、出口さん。バブル時代はそうだったかもしれませんが、いまの僕たちにとって、お金を使うのは、楽しさ半分、怖さ半分ですよ。「いい時代」

を過ごしてきた上の世代の人とは感覚が違うんです。

「楽しく使う」と、「何も考えずに使う」とはまったく違います。バブル期のような「何も考えずに使う」は、優先順位をよく考えず、資金力にモノを言わせて、「ほしい」と思ったものを片っ端から買うような行為を指します。

一方で「楽しく使う」ためには賢さが求められます。収入の範囲で、財産三分法のバランスをとりながら、自分が納得できるお金の使い方を「考え」なければならないからです。

そもそも、バブルや高度成長期の「いい時代」は基準になりません。戦後からバブル崩壊までのおよそ50年が、異常だったのです。冷静に考えて、経済成長率が7～8％を超える時代が、長く続くはずがないでしょう。いま、日本はようやく普通の国になったといえます。それなのに、「昔はよかった」というおなじみのフレーズでみなさんを惑わせる困った人たちがいる。その困った人たちこそ、かつてのバブル期を20代から30代のときに経験した世代です。

いまの日本は、この世代の人たちが牛耳っている国です。ですから、古き良き昭和の文化を引きずっている慣習が、たくさんある。あとで詳しくお話ししていきますが、「保険」「貯蓄」「マイホーム」「結婚式」「専業主婦」「定年退職」といった過去の常識が、いかにも「当たり前の伝統」のような顔をしてみなさんを縛っているのです。

人間は、「いいときの自分」を基準にしてしまいがちな生き物です。スポーツでもそうですが、一度いい成績を残すと、それを自分の実力だと思ってしまう。バブルを知っているタクシーの運転手さんも、いまだに「昔は午前4時にならないと、タクシーなんてつかまらなかったんですけどねえ。いまは不景気で困っちゃうよ」などとぼやいています。

当時の「常識」がどんなものだったか想像がつきますか？　企業の交際費は自由に使え、自分の懐は痛まない。企業同士の会食では、値段なんて誰も気にしない。1人1万円だろうと1万5000円だろうと、ぼったくられていようと、領収書さえもらえれば怖いものなし。財産三分法でいう「財布」が、いまの何倍も大きかったのです。

それに、なんといっても、日経平均株価が３万円台後半だった時代です。世の中にはお金が潤沢に回り、政府にも企業にも、そして個人にもお金があり余っていました。

物心ついたときには既にバブルが崩壊していたみなさんと、バブルを経験した人たちでは、もはやまったく別の時代の、それどころか別の国を生きていると言ってもいいでしょう。いわば、価値観が分断されている。

つまり、不変の国民性なんてものはなくて、人はあくまで社会の状況を反映し、それに適応した行動をとっているだけなんです。いまの景気のなかでお金を楽しく使えることが、「賢さのバロメーター」です。

僕も、本書をとおして、できるだけいまの時代にあった「お金の基準」をお伝えしていきます。それをもとに自分のアタマで考えれば、みなさんだって、じゅうぶんに楽しくお金を使うことができますよ。

出口流・楽しくお金を使うためのルール

まず、みなさんに強くお伝えしたいのは、お金は、人生を楽しくするための手段、ツールであるということ。つまり、お金そのものに価値があるのではなく、何かと交換したときに、はじめて価値が生まれるということです。交換しないまま、使わないままに置いておいても、価値は生まれません。

じゃあ、どうすればツールとして賢く楽しく使えるか。これに関して、僕が定めているルールがあります。

それが、「オール・オア・ナッシング」の原則。100か0か。すべてか無か。いいものにはドンと大きく使い、そうでないものにはできるかぎり使わない、というルールです。

大学時代を、僕は京都で過ごしました。三重の田舎から京都に出てきた僕は、「京都にはおいしいものがたくさんある。せっかく京都にいるなら食べないと損だぞ」と思ったのです。

とはいえ、僕は家からの少しの仕送りに加えて奨学金を2つもらい、アルバイトをして生活しているごく普通の大学生。いまで言えばミシュランに掲載されるような有名なお店には、普通に考えたらとても通えません。ところが僕は、1ヶ月に1回は有名店に足を運び、「なるほど、こういう世界があるんだなあ」と感心しながらおいしい食事に舌鼓を打っていました。

それができたのも、「オール・オア・ナッシング」の考え方を持っていたからこそ。月に1回の贅沢のために、普段の食事はすべて生協の学食。しかも、最安に近いメニューで済ませていました。そうして日常生活のなかでの余計な出費はなるべく抑え、月に1回、1万円のディナーに行くというわけです。

3食とも学食で安いメニューで済ませる人と、ふつうの食堂でごはんを食べる人。この2人の食費を比べれば、1日300円～500円の差が生まれるでしょう。すると、30日間で9000円～15000円の差になる。その差額を手にして、31日目においしいものを食べよう。僕はそう考えたのです。毎日、ふつうのちょっとおいしいものを食べるよりも、メリハリをつけて1ヶ月に一度でいいから最高レベルのものを食べるほうが、僕は「楽しかった」ということです。

旅行も同じです。僕は若いころ、海外を旅するときはだいたい駅前にあるシャワー共同の安宿に泊まっていました。ただし、その旅のなかで1回だけは、その街のいちばんいいホテルに泊まってみる。これも僕なりの、オール・オア・ナッシングです。

もちろん、これが「若い人にとって正しいお金の使い方である」などと押しつけるつもりはまったくありません。「高級料理には興味がない」と考える人も、「汚い宿は絶対いやだ」という人も、当然いるでしょう。そう思うのであれば、そのポリシーに則ったお金の使い方をしてください。「正しい使い方」は人によって違うのです。

日々の消費を、なんの思考も思想もなく垂れ流さないこと。「自分が楽しくなる使い方のルール」を持ち、それに沿ってお金を使うこと。大切なのはこの2つです。

お金の使い方を考えることは、自分が何を楽しいと思い何を大切にし、どんな人間になりたいかを自問自答することなのです。

それが僕の場合、「オール・オア・ナッシング」だった、ということですね。

嫌われ者の「ラテ・マネー」は悪くない

――では、普段つましく生活している女性がコツコツ貯金して１００万円のブランドバッグを買うのも、毎日３００円のちょっと贅沢な缶ビールを買って飲むのも、自分のルールさえ定まっていたら問題ないのですか？　どちらも、「よくない使い方」として紹介されがちですが。

自分で稼いだお金なのですから、どのように使おうと自由です。結婚していれば、パートナーに文句を言われるかもしれませんが、基本的にお金はもっとも自分の満足度が高くなるよう、自由に使うものだと思います。

「ラテ・マネー」という言葉を知っていますか？　「毎日使うちょっとしたお金は、１回ずつの出費は少なくても積み重なると大きな額になる」という意味で使われる言葉です。習慣で買ってしまうコーヒー代がその代表格として挙げられるために、このように呼ばれています。このラテ・マネー、お金について書かれた本や記事を読んでみると、まるで害虫であるかのように徹底的に排除すべき存在として扱われているようです。

もちろん、とにかくお金を貯めたい人、給料日前にいつもあっぷあっぷしている人は、ラテ・マネーを削ることを検討すべきでしょう。でも、コーヒーが心から好きで、一日の活力や癒やしになる人もいる。そういう人にとっては、ラテ・マネーは人生に必要な使うべきお金と言えませんか？

みなさんにとっては、「これは使うべき、これは節約すべき」と教えてもらったほうがラクかもしれません。僕も、正解があるならお伝えしたい。しかし、すべての人にとって「善」「悪」の使い方などないのです。

大切なのは、世間が「いい使い方だ」と思うことではなく、自分の価値観を知り、どのように使えば自分はハッピーになれるのかを知ること。

自分の好みを知らずして、限られた収入のなかで最高の消費はできないのです。

日用品への「いい使い方」は「スタイル」があること

――ところで、出口さんは、社会人になって洋服や身につけるものへのこだわりは生まれましたか？　男性はよく靴にこだわれと言われたりしますが、何にどれくらい使っていましたか？

ブランドへのこだわりはありませんし、履いている靴に文句を言われたこともありませんよ。「いい使い方」は人それぞれですが、参考までに、僕の買い物に対する価値観を紹介します。

僕が日用品を選ぶ基準は、ブランドや価格より、とにかく「気持ちよさ」。とくに、毎日身につけるものは、ストレスがないことがもっとも大切だと考えています。

たとえば、靴。僕は足の形が左右で少し違うこともあり、以前はオーダーの靴をつくっていました。もちろん既製品より値段は高くなります。でも、一度靴をつくったら、修理を何回も入れながらだいたい10年は履いていました。ですから、「高い」という感覚はありません。足にあわない既製品を買うより、いい使い方ではないかと自分では思っています。

けれど、同じ靴やスーツを着続けることは別に、えらいことでも何でもないのですよ。いつも真新しいスーツを着たい人がいてもおかしくはありませんし、僕の知り合いにもそういう人が何人もいます。いまは服も安いですからね。それはもう、趣味の領域でしょう。

いずれにしても、軸となる自分のスタイルをつくっておくと、買い物のたびに悩まずに済むので助かります。「ムダ使いをしてしまった」「余計な買い物だった」というような後悔も減らせます。

この自分の「軸」を定めるためにも、どのようなお金の使い方が自分にフィットするのか、いろいろ試してみてください。ラン＆テストが何よりも大事です。

「いましかできないこと」に使う

――「自分の好きに使え」とアドバイスされているようで少し不安も残ります。ほんとうに、お金をいろいろなことに使ってもいいのでしょうか。

貯蓄を否定しているわけでもないし、浪費を推奨しているわけでもありません。あくまでも、財産三分法を前提にして、賢く楽しく使ってほしいだけです。

ただ、この年齢になった僕が言えるのは、「同じお金を使って同じ経験を積むのなら、1歳でも若いほうがいい」ということ。そのほうが、「豊かな経験」になりやすいのです。

たとえばお酒。僕が20代、30代のころは、平気な顔をして一晩でワインを2、3本空けていました。さすがにいまは、そんなに飲めません。せいぜい1本飲めるかどうかです。これ、どういうことだかわかりますか? 「ワインを極めてみよう」と考えたとき、若い人のほうが2~3倍のペースでいろいろなワインを試すことができる、ということです。

若さは、いろいろな意味で武器なのです。30代はもちろん、40代、50代だって僕にしてみればまだまだ「若手」。いろいろなことを経験してみてほしいと思います。

僕は、「人・本・旅」が人生を豊かにしてくれる3本柱だと思っています。むしろ、この3つしかない、と言ってもいいくらいです。そのなかでも旅と人は、とくに体力や気力が大きく関係する気がしています。

旅で言えば、歳を重ねた人とみなさんとでは、まず歩ける距離が絶対的に違います。僕も若いころは、ヨーロッパに行けば必ず大聖堂の塔に登っていたけれど、最近は「昔登ったし、今回はもういいか」となってしまう。ベルサイユ宮殿ひとつをとっても、どこまで好奇心を持って庭の奥まで歩いていけるかというと、やっぱり体力に比例する。「えっ、ここを歩くの？」というような山道も、青春18きっぷを使った鈍行列車の旅も、歳を取るとだんだん億劫になってしまいます。

現役世代のみなさんは、持っているお金の量は人それぞれだとしても、体力と気力は高い状態にあります。そして体力と気力があるときに使う３万円と、衰えてきたときに使う３万円とでは、前者のほうがずっと濃密な体験ができるのです。

「ケチ」と「倹約」を混同しない

――若いうちに「自分はこういう使い方が楽しい」を積極的にラン＆テストするべきなのですね。「趣味のサーフィンにはお金を惜しまない。その分、服はユニクロだけ」など、ルール化が必要だと思いました。ほかにも、何か使い方のポイントはありますか？

「ケチ」と「倹約」を混同しないことです。

コンビニでは１５０円で売っているペットボトルが、そこから1分歩いたところにあるスーパーだと１００円で売っている、などということはよくあるでしょう。こういうとき、スーパーの値段を調べずに、また、調べたとしてもめんどうくさがっていつもコンビニで買い物をし続けるのは、「浪費」です。

「同一商品や同等のサービスは、比較して、安いほうを選ぶ」

これは消費の大前提で、全世界共通のルールです。

比較検討することは、決してケチな行為ではなく、賢い消費者の基本中の基本の行動です。

乾電池を買うなら、コンビニより電器屋さんを選ぶ。テレビを買うなら、めぼしい商品をインターネットで比較する。こうした選択ができることが、賢い消費者の証です。

たしかに、比較検討をしたからといって何万円、何十万円とトクをすることは少ないでしょう。多くの場合、小銭程度の差額でしかありません。ところが、その差額の塵は知らない間に積もり、山となります。先ほどの学食と有名店の例のように、山となったお金を使えば、生活の満足度をより高められるかもしれません。

もちろん、安く買えることは知りつつも、急ぎの用件で「時間」や「手軽さ」を優先する場合もあります。これも価値観ですから、否定するつもりはありません。

大切なのは「調査」と「比較」

ただ、僕がここでみなさんに伝えたいことは、何も考えずに、もしくは「めんどうくさいから」「小銭を気にするなんてカッコ悪いから」などといったつまらない理由で浪費するのはバカバカしいということです。

調べて、考えて、選択すること。これは、ケチではなく「倹約」と呼びます。倹約は、賢さの証です。「賢約」と書き換えてもいいかもしれませんね。

たとえば企業経営の場面でも、「経理担当が代わった瞬間、消耗品費が大幅に安くなった」などという話をよく耳にします。おそらく前の担当者がサボっていて、相見積もりを取らなかったのでしょう。

そうそう、僕の知り合いの話ですが、プライベートでの引っ越しを検討しているとき、引っ越し業者の相見積もりを取ったそうです。すると、A社から12万円、B社から10万円、C社から8万円と回答が返ってきた。そしてその結果をAとBの引っ越し会社に伝えて断ろうとしたところ、A社もB社も「では、6万円でやります！」と言ってきたそうです。

自分で調べる手間を惜しむと、こうしたことは起こりません。リテラシーがない人がいかに搾取されるかを示す、いい例でしょう。もし、相見積もりを取らずにA社に依頼していたら……。考えただけでもゾッとします。同時に、浮いた6万円で何ができるかを考えただけで、わくわくしますよね。

インターネットの発展によって、より容易に、さまざまな商品やサービスの比較検討ができるようになりました。これは、単なる生活に役立つ便利なツールではありません。払うべきではないお金を払わずに済ませるための、市民の生活を応援するためのテクノロジーです。

ぜひ意識してこの一手間をかける習慣を身につけてください。

幸せにつながらない不要な出費、すなわち浪費は、できるかぎり削っていきましょう。

これはあくまで僕の感覚ですが、お金の使い方ときちんと向きあわない人は、ほかの大事なことにも正面から向きあわない傾向があるのですね。対象がお金であれ仕事であれ、丁寧に考えようとしないのですから。

自分自身を知り、社会の情勢を知る。そのうえで自分が使うお金を正しくコントロールしている人のほうが、豊かで楽しい人生を送れると思います。

マイホーム神話にだまされない

――「家」も意見が分かれるところかもしれませんね。出口さんは、いまという時代にマイホームを買うことについてどう思いますか?

正直、賃貸ではなくマイホームを買ったほうがトクをするという状況は、いまの日本ではあり得ないでしょう。

僕がとりわけ若い世代にマイホーム購入を勧めない理由は4つあります。

①自分の流動性が下がる

長期の、たとえば35年ローンを組むと、身軽に生きづらくなります。仕事を辞めにくくなるし、引っ越しもしづらくなる。埼玉に家を買ったら鎌倉にある職場には転職しづらいし、留学や起業など大きな挑戦をしようと思っても、「失敗したらローンが払えなくなるかも……」と思うと躊躇してしまうでしょう。つまり、自分の一生が家に縛りつけられてしまうのです。将来の自分の行動を縛ることにつながる選択は、雇用の流動化が進む世界では大きなリスクになると考えます。

②家族形態の変化にあわせられない

家族の人数と必要な部屋数は変化していくものです。

夫婦2人にぴったりな間取りの家を買えば、子どもが大きくなったときに引っ越さなければなりません。「子ども3人が育ち盛り」というタイミングで家を買ったら、子どもが巣立ったあと、最終的には広い家に老夫婦がぽつねんと取り残されてしまうでしょう。

ヨーロッパのように家具つきの賃貸住宅を普及させ、家族の形態によって引っ越すのがもっとも合理的なのですが、日本にはそういう文化がないためなかなか難しいところです。

③成長性のなさ

最近都心や地方都市では地価があがっているところもありますが、マクロで見れば人口が減りはじめ、日本経済の先行きも決して楽観できないいま、一等地でなければ不動産価値の成長は見込めません。以前は、土地を買えばまず値上がりすることが当たり前でした。だからこそ、長期でローンを組むメリットがあったのです。払い終わるころ、買ったときより値段が上がっているわけですから、「投資」としても優れていたのです。しかしいまは、マイホームを何十年ものローンで組んで購入すると、払い終わるころには地価も物件の価値も二束三文になっている……という可能性すらあります。

④空き家の多さと買い手の不在

人口減のまっただなかにいる日本の空き家は、1000万戸に迫る勢いです。一人っ子同士で結婚した場合、双方の親から家を相続すると、単純計算で1戸余ってしまいますからね。日本中がそういう状態ですから、「売りたい」と思う人のほうが買い手よりも増えるのは必然。そうなると、やはり不動産の価値は落ちてしまうでしょう。

……と、ネガティブな要素ばかりをお伝えしてきました。不動産業界の人に怒られてしまいそうですね。

それにしても、なぜ日本では持ち家志向が強まったのでしょうか？　じつは、これも戦後の高度成長の影響です。

戦前までは長屋文化の影響もあり、持ち家比率はそれほど高くはありませんでした。ところが1950年に住宅金融公庫が設立された。これによって、われわれ一般市民も住宅ローンを組めるようになったのです。

先ほどマイホーム購入のことを「人生でもっとも大きな買い物のひとつ」と言っていましたが、そのとおり。マイホームはふつうの市民ができる、最大の消費行動です。つまり政府は、市民に夢を持たせ、マイホームを買ってもらうことで、内需を拡大しようとしたのです。

そうなると日本中がマイホームのために働くようになり、国はさらに成長し、土地の値段はどんどん上がっていく。結果、「土地神話」「不動産神話」ができあがっていったわけです。

——出口さんはマイホーム購入を勧めない4つの理由のなかで、自分の人生の流動性の低下、そして長期ローンと買い手の不在を指摘されていました。裏を返せば、地元で一生暮らすことを決めていて、なおかつ一括で買えるなら別に問題ないということですか?

一括で支払うのであれば、リスクはだいぶ少なくなるでしょう。それに、自分が住むため、つまり投資ではなく純粋なマイホーム用なら、リスクは低いと言えます。

ただし、「資産として持っておく」と考えて不動産を持つのは、危険。資産としての価値が上がるのは、人口の増加や経済成長が前提です。もしくは、「買った不動産の近くに駅ができた」とか「再開発が進んだ」などの条件がない限り不動産の価値は上がりません。そんな棚からぼた餅が落ちてくるような物件は千に一つもないのです。

買った不動産の価格がどのように動いていくか、ざっくりシミュレーションしてみましょう。仮に、約3000万円のマンションを東京郊外に買ったとします。手数料や販売経費が500万円だとすると、このマンションの実質価値は2500万円です。このマンションで長期のローンを組んだ場合、金利も含めると全部でおよそ４０００万円を支払わなければなりません。

そして、購入から1年、また1年と古くなるにつれ、少しずつマンションの価値は下がっていきます。４０００万円を払い終わる数十年後、その不動産の価値はどうなっているか。東京郊外という土地柄、購入価格の半分、１５００万円を切っている可能性もじゅうぶんあります。

こう考えると、家を買うことのメリットは「老後も確実に住める家がある」くらいしかありません。それを重視するのであれば、購入に踏み切ってもいいでしょう。

いかんせん、不動産を投資目的で35年のローンを組んで買うというのは、戦後からバブルがはじけるまでの日本においてのみ意味を成した、ガラパゴス的なお金の運用方法です。

みなさんは、「たまたま」その一瞬を垣間見た、世界でもたぐいまれな世代だと思ってください。

借金はしてもいいのか？

――住宅ローンの話が出たついでに、出口さんは、「借金」についてどう思われますか？　「貯蓄が足りないから人や金融機関に借りる」というスタンスは、アリでしょうか。

僕は、「お金を借りるのも能力だ」と思っています。

たとえば家を建てるときだって、起業するときだって、たくさんのお金が必要です。キャッシュが足りなければ、金融機関や友だちにお金を借り、長い年月をかけてコツコツ返していくしかありません。

このとき、金融機関はあなたの貯蓄額や年収、あるいは勤務先やビジネスプランを見て、「この金額なら返済できるだろう」と判断してお金を貸してくれるわけです。友人も、「この人なら起業してうまくいくだろう」と思うからお金を出してくれるわけですよね？

考えてもみてください。抜群に能力が高いのに職場ではやりたいことがやれず、一念発起してベンチャー企業を立ち上げる友人に借金を頼まれたら、「よし、化けるかもしれないから少しぐらいは貸してやろう」と思います。一方で、仕事もできない、勉強もしていない、酒ばっかり飲んだ挙げ句に「上司とケンカしたからいまの仕事を辞めてベンチャー企業を立ち上げる」と言っている人に、お金を貸すでしょうか。僕は、そんな負けが確定しているようなギャンブルには乗りたくありません。

なんのとりえもなく、なんの能力もない人に、お金を貸してくれる人はいません。借金ができるのは、ある意味どこか見どころがあるからです。

住宅ローンひとつをとっても、その人の能力では返せないような無謀なプランは金融機関からゴーサインが出ませんからね。そもそも借金ができないのです。

先ほどお伝えしたように、基本的に僕はマイホーム購入に反対です。けれど、個人の哲学として「どうしても家を買いたい」という人もいるでしょう。そんな強い意志を持った、共働きで住宅ローンを組むカップルへのアドバイスは次のとおりです。

①どちらかの収入が明らかに高いのであれば、そちらの名義でローンを組む
②同じくらいの収入があるのであれば、お互いの名義で住宅ローンも折半する
③いずれの場合も、「団体信用生命保険」(通称「団信」)と「就業不能保険」を買う

※「団信」は、金融機関で住宅ローンを組む場合、強制的に加入させられます。

数千万円、場合によっては億にも達するマイホーム。ほとんどの人は住宅ローンを組むでしょう。団信とは、そのローンの返済中に契約者が死亡したとき、残りの住宅ローンはすべて保険金から返済してくれるシステムです。

たとえば①のケースで、旦那さん名義で住宅ローンを組んだとします。すると1億円の支払いが残っていたとしても、彼が亡くなった時点で、遺されたパートナーは家を手に入れつつローンの支払いをゼロにすることができます。

ところで、医療が発達したいまは、亡くならずに長期間働けなくなる人が増えています。そうなると団信は使えず、ローンを払い続けなければなりません。それができなければ、念願のマイホームを売るしかない。そういうときのために、第3章「貯める」で詳しく説明する「就業不能保険」が役に立ってくるのです。

高度成長時代の文化に惑わされない

――ここまでいろいろとお話を伺ってきましたが、本当にバブル期の影響は大きいんだなと実感します。いまの「日本の常識」は、ほとんどこの時期にできたものと言っても過言ではないくらいですね。

敗戦からバブル崩壊までのおよそ50年間で形成されたさまざまな「常識」は、普遍的なルールではなく、もはやいまの日本では通用しなくなってきています。

それではなぜ、この時代だけがこんなにも特別だったのでしょうか。単なる好景気や経済成長とも違う、何かがありそうですね。

ここから少し、戦後の約50年間が異質だった背景について、簡単に現代史をお話しします。この歴史的背景を理解すれば、バブル以前の常識に振り回されることも少なくなるはずです。


まず、高度成長という大成功体験について。

日本が戦後の焼け野原からGDPで世界第2位（2023年現在は第3位）にのぼりつめた、この信じられないような大躍進には、たくさんの偶然が重なっていました。

第2次世界大戦のときのアメリカの指導者は、フランクリン・ルーズベルト。彼は中華民国の総統だった蔣介石《チャンチェシー》と仲がよく、戦時中から戦争が終わったあとの世界のあり方を入念に構想していた指導者です。そのなかで、アジアの枠組みについては、アメリカと中国とが肩を組んで決めていこうとしていました。

日本やドイツと戦っていた連合国には、アメリカや連合王国（イギリス）、フランスのほか、中国やソ連も含まれていました。しかし、戦争が終わる直前には、味方だったはずのアメリカとソ連の仲が悪くなりはじめた。ですから、アメリカが日本に落とした原爆は、ソ連に対する示威《じい》行為であったとも言われています。俺たちはこれほどすごい新型兵器を持っている、おとなしく言うことを聞け、というわけです。

ところが敗戦から４年後の１９４９年、蔣介石が毛沢東率いる中国共産党に追われ、台湾に活動の拠点を移しました。アメリカは、いわばアジアの花嫁を失ってしまったわけです。そこで次の花嫁候補を探してアジアを見渡すと、どうもふさわしい相手が日本しかいない。対ソ連という点で、位置的にも申し分ない。「仕方がない。パートナーの中国は失われてしまったし、これからは日本を大事にしよう」と考えたというわけですね。

ここから日本のラッキーがはじまったのです。

「ラッキー」の下地は、敗戦直後から少しずつ形づくられていきました。まず、マッカーサーがやってきて、戦争犯罪人である当時のリーダーたちをことごとく追放。その後釜として登場したリーダーたちは、40歳前後の若手ばかりになります。元気でやる気のある彼らが実行するべきことは明確でした。当時のリーダーである吉田茂首相の「もう、軍備に金は使わない。経済成長でアメリカに追いつく」という方針のもと、「アメリカに追いつけ追い越せ」という、キャッチアップ戦略をとったのです。

また、戦後の日本では、朝鮮半島や中国東北部（満洲）にいた日本人が一斉に帰ってきたことと、その人たちがどんどん赤ちゃんを産んだことなどで、空前のベビーブームがはじまります。経済の基本として、人口が増えたら消費も増え、必然的に経済も成長するもの。ここで、経済成長の素地が完璧にできあがりました。

さらに、「朝鮮特需」という追い風が日本に吹いてきます。日本のすぐ近くの朝鮮半島で戦争が起こったために、現在の価値に換算すると、数十兆円の特需を日本にもたらしたのです。日本が何をつくっても、在朝鮮アメリカ軍や在日アメリカ軍が買ってくれたのですね。

さらに、日本にもうひと風が吹いてきたのが、ドッジライン。これは、１ドル３６０円を動かすな（当時の実質レートは５００円という人もいます。いずれにせよ輸出立国に厳しい円高政策です）、借金なんか絶対に許さないぞ、とアメリカから突きつけられた緊縮財政（財政の歳出規模を厳しく縮小すること）のことです。当時の日本はアメリカの占領下。経済政策もアメリカが提示したプランに従って推し進められました。通常、敗戦国はさまざまな戦後処理にあけくれるなかで、物価の高騰・ハイパーインフレに見舞われます。

しかし、アメリカはハイパーインフレによる経済の混乱を避けるため、日本に超緊縮財政を押しつけたのです。日本は、その条件下で歯をくいしばってがんばりました。これにより、日本のインフレは収束し、経済成長の土台ができあがったのです。

そしてアメリカとソ連の冷戦構造のなか、アメリカは日本をとことん甘やかしてくれました。たとえば、産業。日本は成長する過程で、アメリカの基幹産業である繊維、鉄鋼、自動車を食いつぶしました。アメリカはそれでも、ソ連に対する不沈空母の役割があった日本を大目に見てくれたのです。

奇跡的でしょう？　アメリカも、日本がこうなるとは考えていなかったのではないかと思います。まとめると、

①冷戦構造（大枠）
②若い指導者
③アメリカに追いつけ追い越せのキャッチアップ戦略
④人口の増加
⑤朝鮮特需
⑥ドッジライン（緊縮財政）
⑦高度成長

という、「ラッキーセブン」とも言える要素が揃ったために、1968年、戦後わずか23年で日本はＧＤＰ世界第2位の経済大国となりました。決して「日

本人がまじめで勤勉で、24時間戦ったから経済成長した」という話で片づけられるものではないのです。

そして残念なことに、いまの日本にはこのラッキーセブンのいずれもがありません。むしろ、ラッキーセブンが逆回転をはじめているのではないでしょうか。

①冷戦が終結(ただし、ロシアや中国の動向など、今後どうなるかわからない)
②指導者の高齢化
③自分で考えないといけない課題先進国となった(キャッチアップの対象なし)
④人口の減少
⑤特需なし
⑥ドッジラインなし(むしろ逆の放漫財政)
⑦高度成長なし

こうして両者を比較してみると、社会構造が根っこから変わったことがよくわかるでしょう。みなさんがおじいさんやお父さんの2倍働いたとしても、残念ながらバブル崩壊前の豊かな高度成長の世界が再び生まれる可能性は、限りなく低いのです。

それなのに、ラッキーセブンの恩恵を受けていた世代の人たちが、「最近の若者はだらしがない。俺たちはあれだけがんばって経済を成長させてきたのに……」などと言っている。それは、まったくの勉強不足です。

過去の成功体験を知っている人の言うことを鵜呑みにしてはいけません。人間はみんな、自分たちの手柄にしたがる生き物なのです。

そしてもうひとつ、僕たちは、戦後にできた特別な文化、「専業主婦文化」についても理解しておかなければなりません。

専業主婦文化は日本の伝統ではない

――いまはまだ「母親が専業主婦だった」という人もけっこういると思います。子どものころ、働いている女性のほうが少ないくらいでしたが、最近は結婚しても出産しても働き続ける人が多いですよね。

先ほど「アメリカに追いつけ追い越せ」の話をしましたが、当時の日本は「やるべきこと」が明確でした。鉄鋼、電力の復興からはじめ、アメリカに倣い、最終的には自動車や電気電子産業を興せばいいとわかっていたのです。登る山もわかっているし、登る方法もわかっていた。

だったら、あとは長時間働いてもらうだけです。一つひとつの仕事で知恵を働かせ、イノベーションを起こす必要はありません。文句を言わず、体力があり、ただがむしゃらに馬車馬のように働く人材がほしい、という社会システムがつくられていったのです。いまだに体育会系の学生が企業に求められるのも、こうした背景があるのですね。

夜遅くまで働く。帰って、飯、風呂、寝る。また次の日も早起きして朝ごはんを食べ、職場に出かけて行く。自分ではごはんを用意する時間も、風呂を沸かす時間も、布団を敷く手間も、ワイシャツにアイロンをかける時間も、掃除する時間もない。

……そう、家のことをすべて担ってくれる女性がいることが、企業戦士が職場で徹底的に働くために必要不可欠だったのです。

そこで爆発的に広まったのが、性分業の仕組みである専業主婦文化です。

専業主婦文化を、日本固有の伝統的なものだと思っている人もいるかもしれませんが、どこの国でも「伝統」をたどっていくと、意外とおじいちゃん、おばあちゃんくらいからはじまっていることが多いもの。自分が小さいころから体験している文化や習慣は、まるで平安時代くらいから続いているように勘違いしてしまうものです。

ただし、専業主婦文化は、日本でも薄れてきています。厚生労働省（以下、厚労省）の「令和3年版働く女性の実情」を見ると、2023年の労働力人口総数は前年より8万人減少して6860万人になった一方で、女性の労働力人口は13万人増加し、労働力人口総数に占める女性の割合は44・6％に上昇しています。

また同じく厚労省の「２０２１年　国民生活基礎調査の概況」というデータを見ると、この25年間で一世帯あたりの平均所得は約15％減少しています。このような状況下で、夫婦どちらかの収入だけで家族全員を養っていくのはなかなか厳しい。つまり、専業主婦（ないし主夫）になろうと思っても、簡単になれる時代ではなくなってもいるのです。

それに、自分で稼げるということは、裏を返せば相手に依存して生きていかなくていいということでしょう？　ずっと家にいるより話題も豊富になるし、社会とのつながりがあるから、閉じられた環境で思い悩むこともない。そういう前向きな捉え方もできるのではないかと、僕は思います。もちろん、結婚・出産してもばりばり働くというのも、できれば専業主婦（主夫）になりたいというのも、いろいろな考え方があるのはすばらしいことです。

人生もお金も「プラン」を立てないほうがいい

人生にしても、お金の使い方にしても、みんなに共通する「正解はない」ということだけは、もっと多くの人が実感として持っておくべきだと思います。家賃を収入の3割以下に抑えなくても、15%を貯蓄に回さなくても、ラテ・マネーを削らなくてもいい。自分で考えた結果なら、それこそがオリジナルの「正解」なのです。

みなさんの人生もこれからどう変化していくかわからないですし、社会全体も何が起こるかわからない。だから、流れる川に身をゆだねて、ゆったりと流されていけばいいのです。あなたが無理して泳がなくても、川は自然と流れてあなたを運んでくれます。行き当たりばったりのほうが人生楽しいでしょう。「何歳でこうして、何歳でこうして……」と組み立てた自分のプランどおりに進む人生なんて、ガイドブックに書いてあることを指さし確認していく旅行のようなものです。それは少し、退屈ではないでしょうか。

もし、お金のことを考えるなかで自分の「楽しい」や「自由」がわからなくなったら、ぜひ漫画家・ヤマザキマリさんの本やエッセイを読んでほしいと思います。

彼女は昔、フィレンツェで貧乏生活をしつつ、ボーイフレンドを養い、毎日絵を描いては売って、その日暮らしをしていました。しかし、あるときその彼の子どもを妊娠。産みたいけれど、自分の稼ぎでは2人は養えない……。そこであっさりボーイフレンドを捨てて、シングルマザーの道を選びました。非常に合理的かつ豪快な判断ですね。その後イタリア人男性と結婚するも、かの有名なお風呂漫画、『テルマエ・ロマエ』の大ヒットを受け、その彼も「マリの稼ぎがあるから」と、あっさり勤め先の大学を辞めてしまう……。

一事が万事こういった調子で、しかも周りの人も自由人ばかり。「こんな人生、あっていいんだ！」と驚きながらも、晴れ晴れとした気持ちになります。

彼女の言葉を、僕なりに要約すればこうなるでしょう。

「『置かれた場所で咲きなさい』というけれど、置かれた場所に満足してそこで咲くことばかり考えず、咲けないとわかったら、場所を変えればいいじゃない」

お金のことも、人生についても、もっと自由に気楽に。そのほうが、気持ちもラクになりませんか？

第3章

「貯める」編

不安は貯めることへの執着から生まれる

「貯め込もう」という考え方をまず捨てる

第2章で、「お金の使い方」についてはじゅうぶん理解していただけたでしょうか。「戦後50年の異常な社会常識に惑わされない」「みんなにとっての正解はない。自分を知り、自分にとっての正解を見つけよう」という話でしたから、少しずつ実践していただければと思います。

さて、ここからは、「貯める」についてお話ししていきましょう。

「貯める」は、「使う」と切っても切れない関係にあります。使いすぎては貯められないし、貯めることばかり考えていては、楽しく使えない……。そのバランスにみんな苦労しています。

心配する必要はありません。「貯める」の法則は、「使う」よりもさらにシンプル。みなさんの「貯まらない」不安の解消法も、貯め方も、すべてお話ししていきたいと思います。

普通のマネー本とまったく違う流れになりますが、「貯め方」を学ぶ前に、まず「貯め込もう」という考え方を捨てるところからはじめましょう。

というのも、みなさんを見ていると、お金に対する不安のひとつに、「貯めることへの執着」があるような気がしてならないのです。

執着とは、思考がそこでストップしてしまうこと。しかも自分のアタマで考えず、「手取りの15％は貯蓄すべき」「老後資金は３０００万円必要」といった言葉を鵜呑みにして、わけもわからないまま考えることを放棄してしまうのです。そんな空気が蔓延していたから、過去の日本人の貯蓄率は、世界的に見ても圧倒的な高さを誇っていたのでしょう。

でも、これまでの講義を思い出してください。こういった言説にもまた、必ず社会的な背景、あるいは「それで儲かる誰かの意図」があるはずです。

なぜ、貯蓄は「正しいこと」になってしまっているのか。そこから説明していきましょう。

日本人の貯蓄率が高い理由

戦後、焼け野原になった日本は、ガレキの山からの復興を目指しました。しかし、復興にはお金が必要です。道路をつくり直すにも、電気をとおすにも、上下水道を整備するにも、とにかくお金がかかる。しかし、国のお金は戦争で使い切って枯渇しているし、ドッジライン（第2章）の足かせもあって「お金を刷ればいい」「借金すればいい」といった安易な方法がとれない。

そこで政府は、市民から広くお金をかき集めることにしました。とはいえ、タンス預金を無理やり奪うわけにはいきません。

そこで中継地点となったのが金融機関です。市民には金融機関にたくさんお金を預けてもらい、そのお金を復興資金に振り向ける。こうして必要なお金をつくり出していったのです。

もちろん、ただ「みなさん、金融機関にお金を預けてください！」と呼びかけても、市民は動きません。ただでさえ過去の習慣を変えるのは大変なのに、ましてやお金の問題。よほどわかりやすいメリットがないと動きたくないのです。

そこで、政府は銀行や郵便局での貯蓄に対し、「税金の優遇」という大きなインセンティブを付与しました。生命保険の保険料控除もこの一環です。預金350万円までの利子は非課税扱いにする「マル優制度」など、いくつかの制度を組み合わせると、総額1400万円までの貯蓄が非課税となるような制度設計を行ったのです。ここでまず、市民のなかで貯蓄への意識が生まれました。

さらに時代が下ると、平均寿命が延びたことで老後貯蓄への心理的なインセンティブも生まれ、マイホームを買うために貯蓄に勤しむ人も増えた。政府も住宅金融公庫をつくって、超長期ローンを開発してそれをあと押しした。こうして日本経済はみるみる成長し、1980年のピークには普通預金で金利が3％近くまで上昇。貯蓄への情熱はいよいよ高まっていったのです。いまは普通預金でだいたい0・001％ですから夢のような数字ですよね。

しかし3％で驚いてはいけません。バブル崩壊直前の定期預金の金利は、なんと6％。長い目で見ると、高度成長≒高金利となるのです。

このような貯蓄に追い風となる条件が重なった戦後の長い期間を経て、「金融機関にお金が入っていない＝不安＝悪」となっていったのでしょう。

ある調査によると、東京で亡くなった高齢者が遺したお金の平均は、なんと3000万円だそうです。その3000万円があれば、若くて元気なときにもっと楽しいことがいろいろできただろうに……と思わざるを得ません。

それに、第1章でお話しした「負担が給付」の原則どおり、高齢者には毎月確実に入ってくる年金があります。亡くなった時点で3000万円も貯め込んでいる必要があるかどうかは、おおいに疑問です。

毎月確実にお金が入ってくるほうが大切

——貯蓄も高度成長期にできた文化のひとつである、ということはわかりました。でも、貯蓄がないのは、やっぱり不安です。

なるほど。参考までに、金融広報中央委員会の「家計の金融行動に関する世論調査［単身世帯］」（2023年度）というデータを紹介しましょう。

このデータによると、20代の平均貯蓄額は179万円、30代は606万円、

40代は818万円となっています。「そんなにあるの？」と思われたかもしれませんね。でも、これはあくまで「平均貯蓄額」。平均は一部の超お金持ちが全体をつり上げている可能性があるため、数字を並べていったときの真ん中を示す「中央値」を見ます。するとこちらは20代では20万円、30代では56万円、40代では92万円です。取り立てて平均を気にする必要はありませんが、参考のデータを挙げてみました。

さて、ここで、第2章で説明した「財産三分法」をもう一度思い出してみましょう。

①日常で使うお金は「財布」に入れよう
②なくなっていいお金はリターンがありそうな「投資」に回そう
③その他のお金は、いつでも引き出せるように「預金」しておこう

この講義のテーマである「貯める」お金は、3つめの「預金」のお金。手取りから日常に使うお金と投資に回すお金を引いたお金、ですね。

基本的に僕は、「100人いれば100人の人生があり、100とおりの正解がある」という考え方です。「使い方」もそうだったでしょう。

ただ、誰しもに共通する原則がひとつだけあります。それは、「○万円貯めること」ではなく、「毎月確実にお金が入ってくること」のほうがずっと大切である、ということです。冷静に考えれば、毎月きちんとお金が入ってくれば、毎月きれいに使い切ったところで問題はないのですから。

子どもを産んですぐお金がかかるわけではない

また、みなさんは「子どもを産むとお金がかかる」と心配しがちですが、実際、子どもを産んだからといっていきなりべらぼうな費用がかかるわけではありません。

子どもにかかるお金で念頭に入れておきたいのは、大きく分けて、

①出産費用（妊婦健診などを含む）
②保育料（保育園に預ける場合）
③幼稚園以降の学費

の3つがあります。

まず、①の出産費用。

健診から出産までにかかる費用は、大きなトラブルもなく、個室などのオプションをつけなければ、だいたい50万円程度と言われています。一見大きな金額ですが、23年4月からは出産育児一時金が増額され、医療保険から50万円がもらえますし、働いていれば給与の3分の2が支給される「出産手当金」も出ます。

次に、①のお金に関しては、まず安心して大丈夫でしょう。

次に、②と③の保育料、学費について。

私立の「お受験」を別にすれば、いちばん大変なのは保育園にかかるお金だと言われています。しかし、保育料は世帯年収に応じて変わるもの。所得の多い家庭は保育料も高く、所得の少ない家庭の保育料は低く設定されています。また2019年からは、3歳クラスから小学校にあがるまでの3年間は、保育園・幼稚園の費用が無償化されました。

もし子どもを私立の学校に入れるのであれば、コツコツ貯蓄を積み立てるより、それこそ毎月稼いでくる「給与」そのものを増やすほうが大切です。なにせ、小学校から高校まですべて私立の学校に通わせると、トータルで1746万円（習い事などを含む）もかかると言われているのですから（文部科学省「令和3年度子供の学習費調査」）。

ちなみに、これが小学校から高校まですべて公立になると、トータルで527万円、年間43万円ほどで済みます。

また、「子どもを育てるにはお金がかかるから」と、子育て費用を蓄えるために出産自体を数年延ばす人もいるかもしれません。たしかに数年がんばって働けば、いくらかお金が貯まります。

しかし、出産そのものはどうか。お金が貯まるのを待った結果、その年数分だけ歳を重ね、いざ子どもをつくろうと思ったら不妊治療が必要になるかもしれません。22年4月から、ようやく不妊治療にも保険が適用されるようになりましたが、年齢や回数の制限があります。保険が適用されない場合は、子育てのために貯めたお金を使うことになるかもしれませんし、母体への負担もあります。

ですから、お金を理由に、結婚や子育てを延期したり中止したりする必要はまったくない。毎月ちゃんと働いて稼ぎさえすれば、そのお金でじゅうぶんやりくりできると思います。

貯蓄はセーフティネット

ここまで散々「貯めるより稼ぐほうが大切」という話をしてきましたが、これは決して「毎月ちゃんと給与が入るから貯蓄はゼロでいい」ということではありません。

というのも、人生には、予期せぬアクシデントがつきものだからです。自転車で人にぶつかってケガをさせてしまった。突然入院することになった。勤めていた企業が倒産した。仕事をクビになった。実家が火事になった……。

そんなときに月給1ヶ月分にも満たない「残金」しか口座になかったら、借金するしかありません。借金には利息がつきますが、これは本来「払わなくてもいいお金」。そんなことにお金を使うのはもったいないし、多額の借金は、結婚、出産、育児といったライフイベントにもダメージを与えてしまいます。

つまり、みなさんが最低限蓄えるべきお金とは、万一のときのセーフティネットなのです。ですから、「貯める」お金は「すぐに使える」お金でないといけない。財産三分法の「預金」と同じく、流動性がなければなりません。

このセーフティネットとして必要な額の試算は、マネープランの専門家であるファイナンシャルプランナーに相談しても、人によってまちまちです。ここではわかりやすく、「手取り1年分」を目安にしていきましょう。とりあえず1年分あれば当座の生活はなんとかなりますし、その間に今後の対策を立てられるでしょう。

たとえばあなたの年収が300万円だとしたら、手取りは200万円〜250万円程度。これくらいの額を最終的な目標にして、毎月決まった額を貯蓄していくのです。目標金額に達するまでは、苦しければ財産三分法の「投資」のお金を削っても構いません。セーフティネットの構築が第一です。

仮に手取りを20万円、目標を200万円、すでに30万円の貯蓄があるとして、プランを立ててみましょう。

最初に決めるのは期限。つまり、「あと170万円貯めるために何年かけるか」を決めます。早すぎても無謀な計画になってしまいますし、10年後に設定してもその間の備えになりません。ちょうどいい期限を見つけるために、自分の目標額と手取り、そして月々の貯蓄額を次のように書き出してみましょう。

【例】目標170万円（手取り20万円）

・1年で貯める場合……月々14万円（とても無理ですね）

・2年で貯める場合……月々7万円（まだまだ難しい）
・4年で貯める場合……月々3万5500円（可能性が見えてきました）
さらに5年計画（月々2万8000円）に延ばすこともできますし、年2回のボーナスを組み込んで、6月と12月に多めに貯めるというプランを立てることもできます。

これはあくまでセーフティネットとしてのお金を確実に貯める方法ですが、結婚式や留学などのまとまった資金を貯金するときも、やり方は同じ。気合いを入れて「月々に貯める額を増やす」だけです。ないソデは振れません。入ってくるお金の量は変わらないのであれば、その分、「財布」「投資」「預金」のうち「投資」を思い切ってゼロにする、財布から使うお金をセーブする、などの振り分け方を見直すしかないのです。
残念ながら、「いつもどおりお金を自由に使っていたのに、知らず知らずのうちに残高が増えていた」などというマジックはありません。貯蓄は、「貯める額を決めたら、使わない」。これだけです。

逆に言えば、貯めると決めたお金以外はどう使ってもいいのですから、楽しく使えるお金をより多く捻出するため、より倹約＝賢約に努めましょう。

リタイアという発想をなくせば何も怖くない

――現役時代は普通レベルの生活をしていた人が、年老いてから貧困層に転落してしまう事例がとても多いと聞きます。なにせ、退職してから20年も30年も生きるわけですから。60歳までにいくらくらい貯蓄しておけば安心なのでしょう？

リタイア（＝退職）するという発想をなくせば、何も怖くない。僕はそう考えています。それは決して、僕が還暦で起業した変わり者だからではありません。

本書を読んでいるみなさんは、いま、なんらかの定期収入があるでしょう。まだ学生で収入がないという人でも、「私は一生働かない」と決めている人はおそらくほとんどいないのではないかと思います。

「働いて給与をもらう」ということは、月に1回、蛇口からドバっと水が出てくるようなものです。その下に預金という水槽があって、そこには穴が空いているイメージです。この穴の大きさをコントロールしつつ、月に1回出てくる水を貯めたり出したりしながら、みなさんは生活しています。経済学では、この水槽に貯まっているお金のことを「ストック」、蛇口や穴から出入りするお金のことを「フロー」と呼びます。

「退職」は、蛇口の水を止め、水槽から少しずつ水を出して生活するという発想です。だからこそ、「水槽には2000万円ないとダメらしい」「3000万円あっても破産してしまう人がいるらしい」と、60歳までにいかに水を貯めるかに躍起になるわけです。

けれど、蛇口を止めずに水を出し続けることができれば、その恐怖心もだいぶ薄らぐと思いませんか？　つまり、水槽に貯めたストックではなく、蛇口から出てくるフローで生活するのです。

では、なぜフローのほうが安心か？　みなさんは……いや、人間は誰しも、

ストックとフローの関係

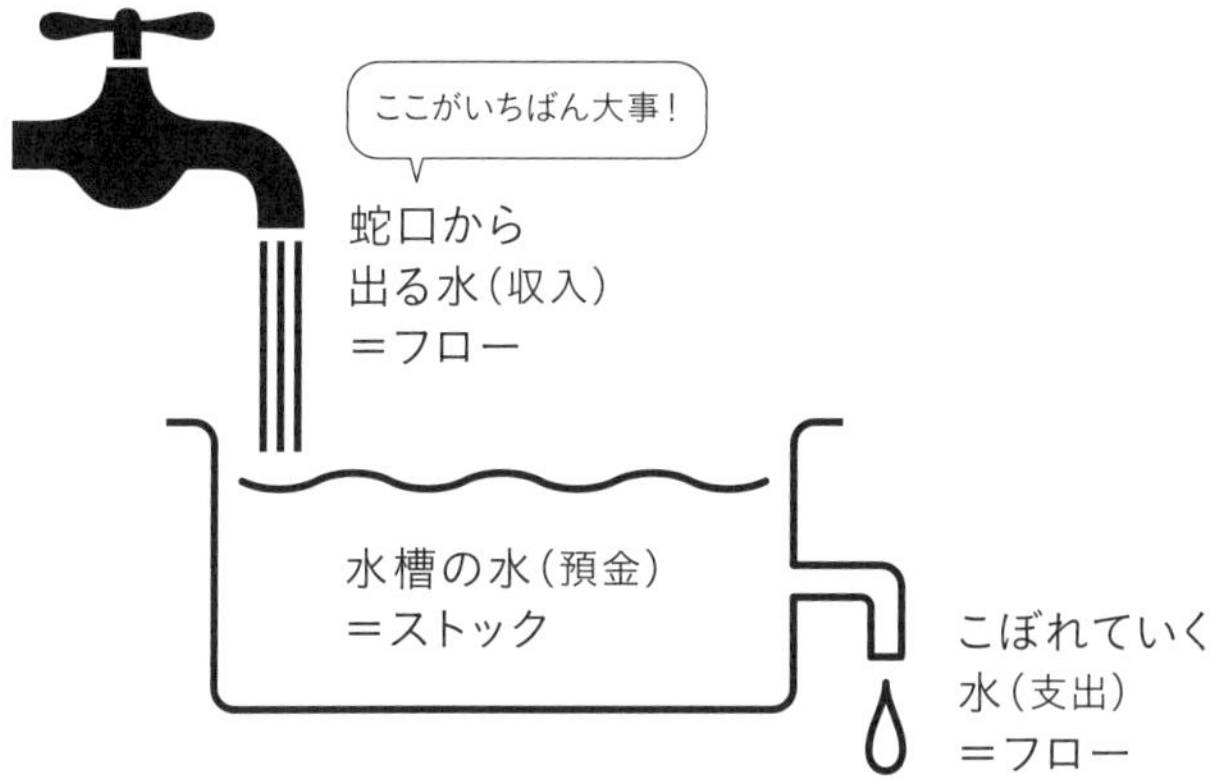

何歳まで生きるかわからないからです。

将来のためにいくら貯めておけばいいか

もしも「全員80歳で死ぬ」と確実にわかっている社会だったら、逆算すれば、退職から寿命までの20年間で必要な金額は簡単にはじき出せます。家賃、生活費、病院代、年に1回の旅行。この高齢化社会ですから、たくさんの統計が取れるでしょう。信憑性の高いデータが膨大に得られ、それをもとにプランを立てられるのです。

ところが残念ながら、そうはいかないのが人間の社会です。たとえば、「だいたい80歳くらいまでは余裕を持って生活できるくらいのお金を貯めておこう」と計画を立て、退職までに無事目標の貯蓄額に到達したとします。しかし、思いがけず100歳まで長生きしたら、どうでしょうか。計画プラス20年分の生活費が必要になってしまいます。みなさんが心配している現在の高齢者の貧困も、こうした「想定外の長生き」が主たる原因ではないかと思います。

一方で、「自分は病気とは縁がないし、どうも長生きしそうだ。100歳まで生きられるように貯蓄をしておこう」と考えて、若いころから退職するまでせっせとお金を貯め続けたとします。それこそ、楽しいことを我慢して我慢して、爪に火を灯して、です。

ところが、それだけがんばって貯蓄して「よし、これで100歳まで安心だ」と万全の体制で60歳を迎えても、61歳で死んでしまう可能性はゼロではありません。「そうとわかっていたら、もっと楽しい人生を送ったのに……」と死に際に後悔しても、あとの祭りです。

結局、どんなに優秀なファイナンシャルプランナーをもってしても、退職後、ひとりひとりにどれくらいのお金が本当に必要になるかはわからないのです。あくまで、平均寿命を参考にするしかない。だったら、現役時代より多少「水の出」が悪くなったとしても、定期的に入ってくる自分の収入があったほうが安心でしょう？ そこに年金という別の蛇口や、このあとお話しする長期投資の利益という水をあわせれば、そこそこの水量にはなるはずです。

じつは、定年という制度があるのは先進国では日本くらい。定年制は廃止すべきだし、おそらく近い将来そうなっていくでしょう。詳しくは第5章「稼ぐ」編でお話しします。

保険は保険、貯蓄は貯蓄

——先ほどセーフティネットの話がありましたが、200万円の貯蓄を達成したとして、それまで貯蓄に回していたお金はどうするのがいいのでしょう。さらに貯蓄額を増やせばいいのでしょうか。調べてみたのですが、「積立型」の保険は満期になったらお金が返ってくるし、保障もかねて定期預金代わりに使っている人も多いみたいで気になるのですが。

必要だと思う貯蓄額を達成できたら、投資にお金を使うことをおすすめします。投資については次章で詳しくお話ししますね。

そして積立型の保険についてですが、一般に保険を貯蓄代わりに使う人が多いですよね。でも、結論から言うと、積立型の生命保険は個人的にはオススメしません。保険は保険、貯蓄は貯蓄と分けて考えたほうがいい。これが世界では一般的な考え方です。

まず、保険とは何かを、その歴史から追ってみましょう。

生命保険の起源は、中世ヨーロッパに遡ります。当時のヴェネツィアでは、海上交易が盛んでした。船を東方に出し、東洋の物品を持ち帰りさえすれば、それだけで一攫千金を狙えた時代。船を何十艘《そう》も持っている大金持ちはもちろん、貧しい若者たちも、がんばって工面した一艘の船に夢を託して海へと飛び出していったのです。

しかし、海には嵐や海賊など、さまざまなリスクがつきものです。特に航海のなかで一艘の船を失うことは、貧しい若者たちにとっては、人生が終わるに等しいほどの一大事でした。そこで、彼らがなけなしの一艘を失っても生きていけるように、航海に心置きなく挑戦できるように、海上保険がつくられたのです。

やがて海上交易の中心地はロンドンに移り、海上保険の中心もロンドンになりました。そして１６６６年、ロンドンの街を大火が襲います。市内に住んでいた多くの市民は、家を失い途方にくれました。大金持ちと違い、彼らには住む家がひとつしかなかったのです。そんな彼らのために、海上保険をまねてつくられたのが火災保険です。

また、当時のロンドンは圧倒的な男性社会。資産を持たない市民にとって、一家の大黒柱が倒れることは死に直結する大事件でした。夫が倒れれば、妻や娘はのたれ死ぬか身を売るしか生きる術がありません。こうした背景から、生命保険の発想が生まれていきました。

「船は一艘、家は一軒、命はひとつ」

市民はみんな、同じような不安（≒リスク）を抱えていました。お金持ちではないからこそ、彼らはお互いに助けあうために生命保険という制度を発展させていったのです。

時を経て１７６２年、現代の生命保険の土台をつくったエクイタブル社がロンドンで誕生します。そして江戸末期の『海国図志』に次いで、日本人に保険の概念を紹介したのが、福沢諭吉です。そこで近代的な保険事業の考え方（海上、火災、人の生涯の3種類の災難請合）が紹介されました。１８６７年、明治維新の1年前のことですね。

ざっとですが、これが生命保険の歴史です。保険が生まれた経緯は、ものすごくシンプルです。僕たちのような、いわゆる普通の市民のためにつくられた制度だったわけです。

保険の大原則は「掛け捨て」

では、次に保険の原則について確認していきましょう。これは、たとえばの話です。ある50人学級のクラスに、「1年後、このクラスの誰かが、ものすごくお金のかかる難病にかかります」と神様からお告げがあったとします。しかし、それが誰かまでは教えてくれなかった。

この場合、個々の生徒が最悪の事態に備えて治療費を貯めていってもいいのですが、ひとりで貯蓄できる額には限界があります。しかも、それぞれの生活もあるし、勉強も、スポーツも、恋だってしたい。50分の1の確率のために、すべてを我慢して貯蓄に集中するのはいやだな、とみんなが思っていました。

そのとき、A君が提案します。

「誰が病気になるかわからないのだから、みんなで毎月5000円ずつ積み立てよう。そして、難病になる人が明らかになった時点で、積み立てた300万円（5000円×12ヶ月×50人）をその人にあげよう」

これが、保険の原則です。保険には、「世の中の誰が難病になるか（リスクが生じるか）はわからないから、社会のみんなで備える」という意味があるのですね。つまり、リスクヘッジの発想です。

こう考えると、保険の原則は、「大変な目にあった人以外、全員掛け捨て」だということがわかるでしょう。大変な目にあう人は、そうではない人に比べて、圧倒的に少ない。少ないからこそ一極集中できる。だからこそ、いざというときにみんなから集めていたお金を潤沢に払うことができるのです。

つまり、保険の本質はレバレッジ（てこ）にあります。このことからも、保険は貯蓄のためではなく、貯蓄だけではなんともならない領域をカバーするものだということがわかるでしょう。

――なるほど、保険の歴史や原則はよくわかりました。ここでちょっと話を戻したいのですが、どうして積立型保険はオススメではないのですか？　満期になればお金を返してくれる積立型は、大変な目にあった人だけでなく、全員に支払いがあるということですよね？　リスクに備えつつお金も貯まるのはお得な気がします。

先ほどのケースで考えてみましょう。もし大変な目にあわなかった49人にも300万円を返そうとすると、保険料はいくらになるでしょう。返す時点で、総額1億4700万円（300万円×49人）が必要ですね。

さて、これを50人で負担しようとすると、1人あたり294万円、つまり毎月24万5000円ずつ積み立てなければならない計算になります。そんな大金、ほとんどの人は払えないはずです。それに、294万円払って300万円返してもらう……これ、「すべてを我慢して貯蓄に集中する」のとほとんど変わらないですよね。つまり、保険の本質であるレバレッジがほとんど働かない。これが積立型の特徴なのです。

では、なぜ日本では積立型の保険が重宝されるようになったのでしょう。それは、高度成長にともなう高金利が背景にあったからです。

資産運用の世界には「72のルール」というものがあります。これは「72÷金利＝元本が倍になる年数」という法則で、かのアインシュタインも絶賛したというものです。

僕が日本生命で働いていた時代は、長期金利が8％を超えていました。「72÷8％＝9年」ですから、9年で100万円が200万円になったのです。これが、積立型の保険がよく売れた根本の理由。保険の期間は20年と長いですから、金利が金利を生む複利効果が存分に発揮されたのです。

では、いまの日本の長期金利はどれくらいでしょう。0・4％として計算してみると、なんと「72÷0・4％＝180年」！　倍になるのに180年かかります。つまり、ゼロ金利政策のもとでは複利効果が働かなくなるのです。

加えて、預金と積立型の保険にはもうひとつ大きな違いがあります。毎月1万円を積み立てたとき、預金なら1年後には12万円が確実に貯まります。銀行の運営経費は利ざやでまかなっていますからね。

ところが、保険会社の運営経費は、みなさんの払う保険料から差し引かれます（付加保険料）。1万円のうち、運営経費が20％（2000円）だとしたら、

1年経っても9万6000円（8000円×12ヶ月）しか貯まらないのです。

したがって、

①レバレッジが働かない

②ゼロ金利政策のもとでは複利効果が働かない

③付加保険料の分だけ預金よりも貯まる金額が少なくなる

この3つの理由から、僕はいまの金利情勢のもとでは積立型の保険をオススメしないことにしているのです。

さらに言えば、積立型の保険は途中解約のリスクが高いのも特徴です。携帯電話の「2年縛り」では、途中で解約すると違約金が発生しますよね。同じように、積立型の場合、違約金こそ発生しないものの、満期になる前に解約すると返ってくるお金がそれまで払ってきた保険料よりもかなり少なくなってしまいます。人生、いつ大きなお金が必要となって解約を余儀なくされるかわからないわけですから、これは大きなリスクです。

また、積立型の月々支払う保険料には、ケガをしたときや病気になったときの「保障」部分と、満期になったときに返してもらえる「積立」部分が含まれています。貯蓄性は高いのですが、それゆえに、掛け捨て型の保険に比べると毎月の支払いが高額になります。

積立型を検討するときは、掛け捨て型＋投資信託など、「保険は保険、貯蓄は貯蓄」の原則に則った場合と比較してみたほうがいいでしょう。

掛け捨て型の保険をオススメする２つの理由

――保険と貯蓄は分ける。積立型はほかの貯蓄手段などと比較したうえで検討する、それにゼロ金利のもとではそれほどうまみがない。ということは、出口さんは保険の原則どおり掛け捨て型をオススメするのですか？

「掛け捨て」はお金が戻ってこないから損。感覚的にはそうかもしれません。

しかし、保険がそもそも得をするためのものでないことは、保険が生まれた歴史的な背景からもおわかりいただけるでしょう。死んだり、ケガをしたりしたほうが得なんてこと、あるわけがないのですから。

政府の医療保険制度も同じです。企業に勤めていれば毎月の給与から健康保険料が天引きされます。健康なら1円も返ってきませんから、明らかな「掛け捨て」ですね。

でも、その代わりに、病気になったときに3割負担で済むから安心できる。これが保険の本質なのです。

さて、僕が掛け捨て型をオススメする理由は大きく2つ。

①月々の保険料が安い

保険は、人生のなかでも最も高い買い物のひとつ。「住宅ローンに次ぐ」と言う人もいるくらいです。月々の保険料は数千円から数万円ですが、契約自体は何十年にも及びますから、トータルで見たらかなりの高額商品となります。

事実、日本の世帯は年間平均40万円前後の生命保険料を支払っています。

保険料は、水道やガスと同じく毎月払わなければならない固定費。1ヶ月3000円でも、1年で3万6000円、10年で36万円のコストになります。

けれど、保険が水道やガスと違うのは、自分で会社や商品を選べるということです。選択次第では大幅に固定費を削ることができます。月々の保険料が半分になれば、先ほどのケースであれば10年で18万円もの節約になる。高い買い物なだけに、いろいろな会社の商品を比較検討し、納得いく商品を選ばなければ、それこそ大損です。

②「見直し」がしやすい

給与が上がる、結婚する、子どもが生まれる。人生に変化はつきものです。ときとして、思いも寄らない方向に進むことだってあるでしょう。

そんなとき、積立型のように解約リスクがあると、人生に大きな変化が生じても「何年か前の自分の計画」に沿って生きていかなければならなくなります。

一方で、掛け捨て型は解約リスクがないので、柔軟に保険を見直せます。子どもが生まれたから保険料を増やす、子どもが巣立ったから保険料を減らす。調整がきくのです。

オススメは「就業不能保険」

――掛け捨て型ならではの魅力があるのですね。ここからは実際の保険選びについて聞いていきたいのですが、具体的に僕たちはどんな保険に入れば安心できるのでしょう?

ここはずばり、お答えします。

みなさんに僕がオススメする保険は、「就業不能保険」。つまり、「働けなくなったときに生活費を保障してくれる保険」。これがいちばん大切です。

「就業不能保険」は、病気やケガで働けなくなったとき、月々もらっていた給与のように給付金を受けとることができる保険です。蛇口が壊れたときのスペアを用意しておくようなイメージですね。

みなさんが抱えているいちばん大きなリスクは、働けなくなって、蛇口から出てくる水が止まること。収入が途絶えてしまうことです。毎月の給与さえ入ってくれれば生きていけると、ここまで散々言ってきましたね。

ところが、大きな事故や病気で、数年にわたってまったく働けない状況になったらどうでしょう。職場も辞めなければならず、毎月の給与もゼロ。セーフティネットの貯蓄も手取り1年分しかないわけですから、それ以降の生活ができなくなってしまいます。

貯蓄だけではどうにもならないときの備えとして、就業不能保険が必要です。就業不能保険は、まったく働けない状態が一定期間続いたとき、体が完治するまで毎月お金が支払われます。病気やケガによっては、10年、20年と働けないこともあります。そんな状況でも、この保険を買ってあれば月々の「フロー」、蛇口の水が途絶えることはありません。長期の就業不能保険であれば、完治するまで蛇口から水が出続けるのです。

新社会人になったらこの保険を買うのは、アメリカやドイツでは常識だと言われています。しかし、日本では「死亡保険」や「医療保険」をメインにした高額な保険ばかりを勧めているのです。消費者の傾向としても、いざ生命保険を比較検討しはじめると「こんなことがあるかも」「あんなことがあるかも」と将来が心配になり、あれもこれもと保障をつけがちです。

保険の支払いは少ないに越したことはない

しかし、そうすると保険料ばかりがどんどん膨らんでいき、結果として、月々の「使えるお金」が減ってしまいます。保険会社からすればありがたいことなのですが、起こるかどうかわからない未来のためにお金をたくさん使い、いまの楽しみをないがしろにすることは、本末転倒。若ければ若いほど、保険の支払いは少ないに越したことはないのです。そのほうが、自由に使えるお金が増えるわけですから。

就業不能保険にしぼって加入すれば、月々2000円~3000円、高くても5000円程度で済みます。飲み会1回分ですから、払いやすい額でしょう。

プロのファイナンシャルプランナーの人たちによれば、これからは給与が下がるかもしれない時代だから（実質賃金は下がっています）、固定費である保険料はトータルでも「手取りの3～5％程度」に留めておくことが必要だということです。

医療保険は必要なのか

これは、医療保険も同じ。日本では医療費の自己負担は3割で済みます。万が一、治療にお金のかかる病気にかかっても、高額療養費制度（1ヶ月の間に支払った医療費が一定額を超えた場合、その超えた金額を支給する制度）もあります。

もちろん、がんなどの難病にかかったときは、「先進医療を受けたい」「健康保険適用外の新しい治療を受けたい」と思うかもしれません。それに備えたい人は、医療保険を買いましょう。いろいろとプラスアルファの保障がついていないシンプルなものを選べば、さらに飲み会を1回我慢すれば払える額で済みます。

また、「入院したとき、ほかの人と同じ空間にいたくない。ゆっくりできる個室がいい」という人。このタイプの人は通常の入院よりも費用がかさみますから、医療保険を買ったほうが安心です。逆に「個室じゃなくていい、大部屋でじゅうぶん」というのであれば、保険に頼らずとも自分で払えるでしょう。

医療保険が必要かどうかは、みなさんの生き方や哲学が反映されるのです。

ライフステージ別オススメの保険

ここからは、ライフステージ別にオススメの保険を考えていきましょう。

【独身の人】

まず、独身のみなさんは、デメリットとして自分の生活を支えてくれる家族がいない反面、自分の収入で支える家族がいないというメリットもあります。

自分ひとりが生活できればいいわけですから、「就業不能保険」ひとつでじゅうぶんでしょう。

ときどき、独身にもかかわらず自分に死亡保険をかけている人を見かけるのですが、こんなものは無用の長物。だって、自分が死んで蛇口が止まったところで、それ以上水槽に水は必要ないでしょう？　扶養家族がいないのですから。

【パートナーがいる人】

そして、パートナーと一緒に暮らしているみなさん。

いまは、男女を問わず、正規・非正規を問わず、働き続けることを基本に考えたほうがいいでしょう。

どちらかが亡くなっても、共働きをしていれば「生活できなくなる」ことはまずありません。パートナーの死は悲しいし、ひどく落ち込むことですが、自分が生きていく分には致命的ではないのです。

しかし、どちらかが大きな事故にあって、身体が思うように動かなくなったら大変です。家を買っていれば家のローンを払わないといけないし、ヘルパーさんを雇うにもお金はかかります。パートナーも看病のために長期で休みを取らないといけないかもしれず、それによって給与が下がれば、結果的には家計が火の車になるかもしれません。

そんなときのために、パートナーと一緒に就業不能保険を買っておくと安心です。これは、お互いへの愛情です。どちらかの蛇口が止まってしまっても、保険が適用されて月々10万、20万円と入ってくれば家計の負担はかなり軽くなります。

それに、自分の看病・介護代は自分で捻出すると考えたほうが、世話される身としても気がラクというもの。愛するパートナーのためにも、自分のためにも、就業不能保険は必須です。

【パートナーが専業主婦（主夫）／パートナーの稼ぎが少ない人】

どちらかが亡くなったあと、残されるパートナーの稼ぎが自立するには少ない、もしくはすでに専業主婦（主夫）になっている、という場合。このケースでは、養っているほう（稼ぎの多いほう）に死亡保険をかけたほうが安心です。稼ぎが多いほうが、就業不能保険と死亡保険の2つを買う。稼ぎが少ないほうは、買うとしたらシンプルな医療保険を選ぶのがセオリーです。

【子どもがいるカップル】

子どもがいる場合は、少し状況が変わってきます。

子どもが社会に出て働くようになるまでは、親が責任を持って育ててあげたいものですよね。親が子どもにあげられる最大のプレゼントは、教育。逆に言えば、親が先に死んだときに子どもが被る最大のリスクは、教育費の不足だと言えます。だからこそ、保険を使ってリスクヘッジをするのです。

子どもを大学まで入れるとき、

・基本的養育費約1640万円＋教育費（いずれも22歳まで。基本的養育費とは、出産・育児費用、食費、衣料費、おこづかい、医療費などが含まれる）がかかると言われています。165ページの図を見てください。幼稚園から大学まですべて公立、国立の学校に通った場合、概算ですが、

・1640万円＋1055万円＝2695万円

のお金が必要になります。

つまり、私立の学校に通わせる可能性も考えれば、子どもを社会に送り出すまで、だいたい2700万円～4300万円は必要ということになります。共働きであれば奨学金を活用してなんとか対応できたとしても、たとえば稼ぎが少ないほうだけ遺された場合、ちょっとしんどい額ですね。

子ども一人にごはんを食べさせるくらいなら、ひとり親でもなんとかなるかもしれない。けれど、なるべくいい教育を受けさせたいと思うのであれば、や

はりお金が必要になるのが事実。

ですから、買うべきは死亡保険です。子どもができた時点で、稼ぎが多いほうのパートナーに2000万円〜3500万円の死亡保険をかけておくと安心です。そうすれば不慮の事故や病気で万が一のことがあっても、子どもの養育費は面倒を見ることができます。

そして、無事に子どもが社会に出たら死亡保険はいらなくなるので、掛け捨て型であればそのタイミングで解約できるわけです。

――ほかにも、たしか「学資保険」という商品もありますよね？　人気商品だと聞きますが、子どもがいるならこちらも検討したほうがいいんでしょうか？

「学資保険」は、子どもの学費を確保するための、強制的な貯蓄手段として人気が高い商品です。資金の流動性は失われますが、高校や大学への進学など決まった時期にまとまった給付金を受けられますから、特に自分でお金を貯めた

ひとりの子どもの出産から大学卒業までにかかる費用目安（22年間）

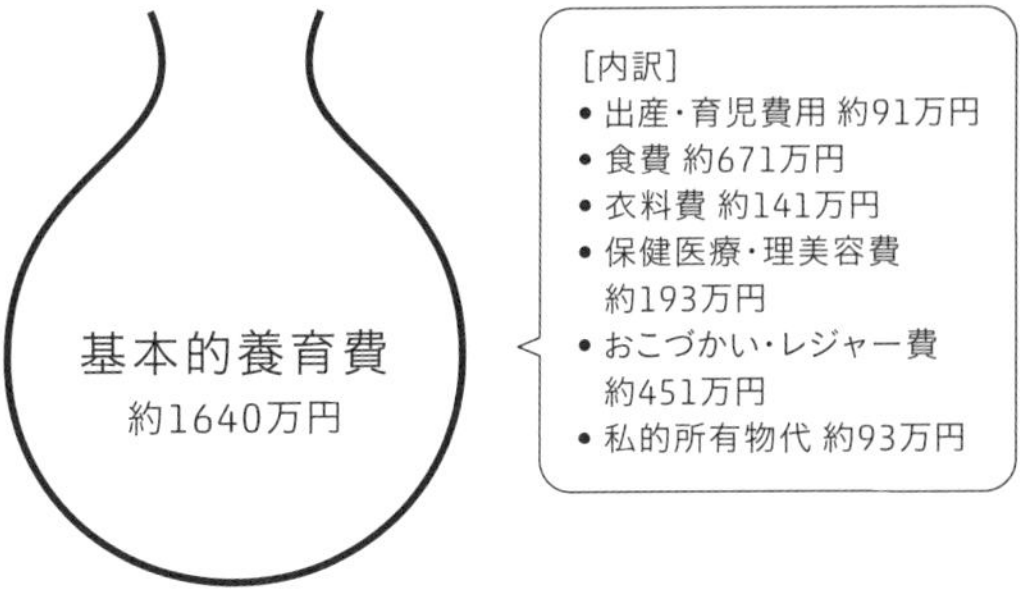

教育費用の概算（公立・私立別）

	幼稚園	小学校（6年分）	中学校（3年分）	高校（3年分・全日制）	大学（4年分）	総額
公立	47万円	211万円	162万円	154万円	481万円	約1055万円
私立	92万円	1000万円	430万円	316万円	776万円	約2614万円

たとえば、大学だけ私立に通った場合は、
基本的養育費1640万円＋
教育費1350万円（47＋211＋162＋154＋776）＝2,990万円
かかることになります。
上記の表を目安として活用していきましょう！

「令和3年度子供の学習費調査」（文部科学省）、
「教育費負担の実態調査結果」（日本政策金融公庫）をもとに作成。

り運用する自信のない親にはぴったりな商品でしょう。

しかし、学資保険は「保険」という名前こそついていますが、一般的な保険とは考え方が少し違います。

重要なポイントなので少し詳しく説明しますが、そもそも保険を検討するとき、「誰のために」「なんのために」買うのか、この二本柱をはっきりさせる必要があります。

まず、誰のために。これは簡単で、

・家族のため
・自分のため

のどちらかしかありません。今回のケースだと、あなたは「子どものために」保険を検討することになります。

次に、なんのために。これは2パターンあります。

ひとつは、政府が提供するセーフティネットの「穴」を埋めるため。すなわち、リスクヘッジです。

「死亡リスク」「働けなくなるリスク」「治療リスク」「長生きリスク」など、人生にはさまざまなリスクがつきものであり、そのすべてを政府の年金や医療保険だけでまかなうことはできません。生きていれば得られたはずのお金、働いていれば得られたはずのお金、病気にならなければ払う必要のなかったお金。これらはセーフティネットの穴からこぼれてしまった、いわばロス（損）。このロスを、払った分よりも相当大幅に上乗せして（レバレッジを効かせて）返してくれる。これが本来の保険の役割です。

しかし、もうひとつ、貯蓄目的で保険を使う場合があります。これこそが、学資保険の発想です。将来必要になるお金を、金融機関に預ける代わりに「貯めて殖やしてもらう」。運用の仕事を保険会社に任せているのです。

つまり、学資保険はリスクに備える保険本来の発想ではなく、むしろ投資や貯蓄の発想に近い商品と言えるでしょう。

学資保険を検討する人の目的は、「子どものための教育費を、貯めて殖やしたい」。だとすれば、「ほんとうにその手段は学資保険でなければならないのか?」について、一度真剣に考えたほうがいいでしょう。人気だから選ぶ、ではいけません。

単に貯めて殖やすことが目的ならば、第4章で詳しく説明する投資信託でもいいわけですし、それこそ定期預金でも同じことです。違うのは、強制的に貯蓄させ、進学などにあわせてタイミングよく支払われる、ということだけです。この強制性を「ありがたい」と捉えるか、「お金の流動性が失われるからリスクだ」と捉えるかは、その人の価値観次第です。

よくよく考えた上で、「投資や貯蓄には自信がない」「節目に支払われるのはわかりやすくてありがたい」という人は、もちろん学資保険を選んでいいと思います。

ただし、学資保険の給付金は、だいたい20年で支払った保険料総額に対し（よくて）110%程度です。世間で思われているほど運用利回りは高くありませ

出口流！ ライフステージ別オススメ保険リスト

▶ 独身

就業不能保険

▶ パートナーが専業主婦（主夫）・子どもなし

稼ぎのあるほうに 就業不能保険 ＋ 死亡保険

▶ 共働きのカップル・子どもなし

ふたりに 就業不能保険

▶ パートナーが専業主婦（主夫）・子どもあり

稼ぎのあるほうに

就業不能保険 ＋ 死亡保険（教育費分）

※どちらかの稼ぎが少ないという場合も同様です。

▶ 共働きのカップル・子どもあり

ふたりに 就業不能保険 ＋ 収入が多いほうに 死亡保険

- いずれの場合も、心配であれば医療保険をつけておきましょう。
- 住宅ローンを組む場合、団体信用生命保険（団信）を買っておきましょう。

ん。運用目的で選ぶなら、あまり期待しないほうがいいでしょう。「殖やす」に比重をおきたいのであればむしろ投資信託。絶対に元本割れしたくないというのであれば、定期預金でも構わないのです。

僕がみなさんにオススメする保険は、就業不能保険や死亡保険など、自力では回避しようがないリスクに最小限のコストで迎え撃つための保険です。みなさんの人生の流動性や自由を損なわないことにも重きをおいています。あとは、自分の好みや目的にあった商品を選んでいただければと思います。

「保険は買わず、全部自分で働いたお金で備える！　リスクは気にしない！」

もちろん、そんな生き方もありだと思います。

時代にあった「必要な保険」を選ぶ

——つい人に勧められるままに入りがちですが、自分の価値観にあったものを選ばなければいけないのですね。でも、そんなに必要なら、なぜ就業不能保険は日本ではあまりメジャーではないのですか？　日本で保険と言ったとき、死亡保険をまっさきに思い浮かべる人が多い気がします。

就業不能保険は、男性も女性もみんなが働くという前提の社会で生まれる商品です。ところが戦後の日本は、専業主婦文化の影響を色濃く受けています。稼ぎのない奥さんは、大黒柱である旦那さんに万が一のことがあったときに備えて高額な死亡保険をかけた、という話をしましたね。それによって生命保険業界も高度成長して、アメリカに次ぐ世界第2位の保険大国になったのです。

結局、生命保険もそのときの社会状況を反映するもの。ですから、共働き文化がさらに浸透すれば、自然と就業不能保険がもっとメジャーになるのではないかと思います。

少し脱線しますが、戦後の日本は男女で性分業を行い、専業主婦を政策的に優遇した数少ない国のひとつです。日本には、「奥さんがいたら、所得税や住民税を控除してあげますよ」という配偶者控除制度や、「アルバイトやパートで稼いだ金額が年間103万円までだったら、所得税を払わなくていいですよ」

という103万円の壁など、専業主婦文化をあと押しするようなルールがあります。厚生年金の3号被保険者（専業主婦は年金保険料を払わなくていいという制度）もまったく同じ発想です。

こういう制度があるからこそ、女性は「寿退社っておトクだわ」と考え、職場でも「結婚おめでとう、それでいつ辞めるの？」と聞いていたわけです。

しかも、高度成長期当時の女性は若くして結婚していたので、じゅうぶんな経験や実績がないまま寿退社していました。ということは、旦那さんが亡くなったとしても、再就職が難しい。そうすると、再婚してまた誰かに養ってもらうしかない。なかなか自立できない。

だから専業主婦は旦那さんに高額の死亡保険をかけ、莫大な「安心料」を払っていた、というわけです。

今後は、「配偶者控除制度」「103万円の壁」「3号被保険者」といった、女性が働くと損をするように感じる制度は廃止されるでしょう。労働力不足に悩むこの国は、女性に働いてもらわないともたなくなりつつありますから。そうなれば、より死亡保険へのニーズは低くなっていくと思います。

親の介護費用はいくら用意しておけばいいのか

——備えるという意味でもうひとつ不安があります。親の介護です。平均寿命が延びてきたこともあり、自宅介護できない高齢者を施設に入れることが増えてきましたよね。うちの親はまだ大丈夫ですが、親戚や少し上の先輩を見ていると結構たいへんそうで……。実際、気になって近所の施設の入居費を調べたら、年間で数百万円かかるようです。やっぱり親の介護費用まで見越して貯蓄したほうがいいのでしょうか？

親がすでに貧困にあえいでいるなど特別な場合を除いて、親のために貯蓄するという考えは持たなくていいと思います。

お金を援助するよりも、みなさんが親にすべきことがあります。それは、親にいつまでも健康でいてもらえるよう、自立を促すこと。シンプルに言えば、放っておくことです。

極論ですが、親は放っておいたほうが元気で長生きします。自分の力だけで生きていこうとするからこそ、身体も脳もフル回転させて使うわけですから。これは、事実です。

僕の口の悪い知り合いの医者は、「60歳になった役員は、車と秘書を手放せ」と言っていました。車があったら歩かない。秘書がいたら任せきりになる。足とアタマを使うことが健康のための条件だ。もし「そんなことできません」と部下に言われたら、その部下はあなたの権力を奪おうとしているに違いない。なおさら手放して、働き盛りで忙しい40代~50代の若い人に秘書と車を与えてしまえ、とね。

ほかにも、こんな話があります。北欧の老人ホームの多くは、コレクティヴハウスのようなものらしいんですね。朝食の時間になったら起こされて、服を着替えて、食堂に集まるでしょう。すると、みんなで朝食を食べている間に職員が入居者の部屋に鍵をかけ、閉め出してしまう。もちろん、お医者さんから

「この人は安静にさせておきなさい」と言われた人は除いて、です。

部屋に鍵をかけられると、行く場所は3つしかありません。リビングでほかの入居者と話をするか、施設の庭を散歩するか、街に出かけるか。つまり、常に「行動」しなければならなくなるのです。

もし何の制約もなければ、自分のラクなように生きてしまうでしょう。ごはんを食べて、部屋に戻って寝る。ごはんを食べて、部屋に戻ってテレビを見る……。そんな内側から部屋の鍵をかけるような生活をしていると、あっという間に足腰もアタマも「弱った老人」になってしまいます。そうすると、子どもや施設の職員が面倒を見なければならなくなるし、そのためのお金もかかります。

北欧の老人ホームのスタイルのほうが、はるかに脳も使えば身体も使う。よほど元気なままでいられるというわけです。

そうそう、昔僕の友人が脊髄を損傷して入院したとき、最初の1週間は喜んでいたのです。「やさしい看護師さんがごはんを食べさせてくれて、トイレもさせてくれるんだよ」と自慢げだった。

ところが1ヶ月後、また見舞いに行くと、どうも落ち込んでいる。どうしたのか聞いてみると、「自分でごはんを食べて、自分でトイレに行けることがこんなにありがたいことだとは思わなかった」と肩を落として言うのです。最低限、自分の生命を維持する活動に自分で責任を持てること。これが人間の尊厳なのだとしみじみ感じました。

自分で食べられて、自分でトイレに行けて、自立して生活できる期間が「健康寿命」です。自分の親に彼と同じような気持ちを味わわせないために、健康寿命を延ばしてあげるのが子の務めというもの。ただ生物として「生きる」のではなく「楽しく暮らす」ためには、健康寿命が大切ですからね。

恐ろしい話ですが、平均寿命と健康寿命とでは、すでに10年前後の開きがあります。つまり、介護期間が10年にもわたるということです。

そして、健康寿命を延ばすためには、働いて、少額であっても自分で稼いで、規則正しい生活を送って、社会とつながりを持ってもらうしかありません。

ジョークですが、「『お母さんは私が引き取って一生面倒を見るわ。もう安心していいよ』と娘に言われた途端、認知症になる準備が整う」と言われることがあります。親にそうなってほしくないのであれば、将来の介護の話になったとき、「自分にはそんな余裕はないから一銭も払えない。アテにしないでほしい」と、冷たくあたるくらいがちょうどいいのでしょうね。

――親にとっても僕たちにとっても、親の健康寿命を延ばすことがいちばん。一見スパルタでも、自立してもらうことが愛情だ。言いたいことはわかるのですが、その「愛情」はちゃんと伝わりますかね？ うちの両親は、ショックを受けてしまうかもしれません。

結果的にご両親が元気で過ごせるなら、お互いにハッピーじゃないでしょうか。でも、ご両親がいよいよ三途の川を渡りそうなときには、「あれは愛情ゆえの言葉だったんだよ」とフォローしてもいいかもしれませんね。あと、兄弟姉妹で意見をすりあわせておかないと、自分だけがただの冷徹な子どもになってしまいますから、全員で口裏をあわせるほうがいいでしょう。

もうひとつ、みなさんが親の老後資金を負担しなくてもいい理由があります。それこそが、社会保障の存在です。第1章で、社会保障とは「実家への仕送り」の代わりと言いました。

親の介護を心配して費用を貯めようというのは優しさではあるかもしれませんが、むだな責任感であるとも言えます。そういう一見真面目な考えが、人生を窮屈にしてしまうのです。

極端な話、みなさんが親に「生活が不安定でつらいから、月々10万円仕送りをしてほしい」と言うくらいがちょうどいいんじゃないでしょうか。もちろん、それでニートになったりパラサイトシングルになってしまってはダメですよ。あくまで、「フリ」です。親には「しょうがないやつだ」と文句を言われるかもしれませんが、その分しっかりしてくれるなら万々歳。

親には太陽ではなく北風を、が合い言葉です。

相続はこの3つだけ確認しておけば安心！

親に頼らせないのと同様に、親からの相続をアテにしてはいけません。しかし親が弱り、的確な判断ができなくなる前に相続の話はしておくべきです。いざ親が病床に伏してからでは、遅い。気力、体力ともに満ちているときに意思確認をしておきましょう。

いちばんいいのは、「お父さん、お母さんの面倒は見ません。代わりに、何も残さなくていいです」と宣言してしまうことです。

よくあるのは「遺された財産は持ち家ひとつ、現金はない。家をどうやって分けるかで、きょうだい間でモメてしまった」というパターンです。この場合も、先に「何もいらない。ただし、面倒は見ませんよ」と言うだけで争いなく相続を終えることができます。

また、財産を持っている家庭だと、相続をマネープランに組み込むことで、かえってきょうだい間での相続争いや相続税の支払いなどにアタマを悩ますことになってしまいます。思い切って「親の金は親の金」と割り切り、精神的にも金銭的にも自立したほうが、ラクになるもの。もちろんみなさんも、自分の子どもたちに残そうとやりくりする必要はありません。

家や土地を複数持っているご両親なら、住んでいるところを残してあとは売ってもらって、そのお金でめいっぱい遊んでもらえばいいでしょう。いっそ家も売って、福祉施設つきのマンションに引っ越してもらってもいいかもしれません。そこに入りさえすれば安心ですからね。

子どもに残すためにつましい生活を送るなんて、親が不憫じゃないですか。「足腰とアタマが元気なうちに楽しく使い切ったほうがいいよ」とハッパをかけてあげるのが親孝行というもの。そのうえで万が一財産が残ったとすれば、きょうだいで粛々と分ければいいだけです。

このように、相続の話は「楽しく使い切ってください」の一言で終わってしまうのですが、

・重要書類はどこにしまってあるのか
・どんなお葬式をしたいのか
・寝たきりになったときに延命治療をしてほしいのか

など、親が元気でなければ確認できないことは、早めに教えてもらっておくと安心です。

さて、「貯める」という話から、保険や親の介護まで話が広がりました。しかし、日本もこれからは北欧のように「寝たきりにならない社会」を目指すべきなのは間違いありませんし、そういう方向に舵を切っていくべきです。

そのときは、いまよりもさらに「貯蓄できる能力」よりも「いつまでも稼げる能力」のほうが大切になってくるはずです。それに備えることが、もっとも効果的な「お金対策」だと言えるでしょう。

第4章

「殖やす」編

希望は長期投資から育まれる

なぜ投資が必要なのか

――ここまでの話を伺ってきて、ひとつだけ疑問があります。貯蓄はあくまでもアクシデントへの備え。それより大切なのは「フロー」としての稼ぎを止めないこと。だとしたら、なぜ「投資」が必要なのでしょう？　定年退職したあとの高齢者に、「フロー」を止めないための投資が必要なのはわかりますが、仕事に精を出している僕たちに投資は必要ですか？　そもそも投資には、ギャンブルのようなイメージもあるのですが。

投資はリスクを抱えているもの。毎月入ってくるお金さえあれば、投資は不必要なはず。それなのに、なぜ投資をしなければいけないのか。その疑問を晴らすために、まず「投資とはいったいなんなのか？」という話からはじめましょう。

第2章の財産三分法で、「投資」とは「なくなってもいいお金で、リターンを得られそうなものにお金を投じること」だと説明しました。では、そもそも、なぜリターンを得るためにお金を投じなければならないのでしょうか。ただでさえ貴重なお金なのだから、そのまま現金として持っていたほうが安全じゃないか。投資して失敗したらどうするんだ。そう思われるかもしれません。

でも、お金を殖やしたいと思ったら、「蛇口から出てくる水を増やす」か、「水槽から出ていく水を減らす」しかありません。この２つの選択肢のうち、後者は「お金を使わない」ということ。なんだかつまらないですよね。一生それを続けていくのかと思うと、うんざりしてしまう。

そこで大切なのが、「入ってくる水を増やす」ことです。蛇口の数を増やしたり、ひとつの蛇口から出る水の量を増やしたりして、「フロー」を潤沢にするのです。

しかし、いまと同じ仕事を同じようにこなし、いままでと同じような生活をしているのでは、入ってくる水を増やすことはできません。では、どうすればいいか？

投資の力を借りるのです。投資は、投じた価値より、返ってくる価値を高くすることを目指すもの。1の価値を3にも5にも、10にもして、「入る水の量を増やす」。お金に不安を持っていればこそ、すべきです。

たしかに「投資」は確実なものではありません。損をすることもあります。「1万円使ったけれどリターンはゼロだった」「投じた1万円がゼロになってしまった」と失敗することもあるでしょう。

しかし、そのリスクを恐れて投資から目を背けたままでは、蛇口の水量は現状維持。「出ていく水を減らす」細かい工夫をこらすことしかできません。

恐怖心から投資を避け、1の価値を1のまま享受し続けるほうが、むしろリスクなのです。

投資はある程度コントロールできる

また、投資を怖がる人は、投資をギャンブルと同じように考えているフシがあります。しかし、この2つはまったく違うものです。パチンコや競馬、宝くじに代表されるギャンブルは、基本的にはサイコロと同じで自分ではまったくコントロールできません。

一方、投資は必勝法こそないものの、ある程度コントロールすることができます。だから、プロの投資家という職業が成立するわけです。

財産三分法の「投資」のルール、「なくなってもいいお金の範囲で収める」ことさえ守れば、そこまで大きく損をすることもない。自らハイリスクな投資に手を出したりしなければ、何も怖くありません。

何より、投資はその場で結果が出るギャンブルと違い、すぐに結果が出るものではありません。ゆっくり、じっくり育てていくものです。だからこそ、できるだけ早い時期からはじめることに意味があるのです。

自分への投資で最大のリターンを

さて、投資には2種類あります。「自分への投資」と「お金（金融商品）への投資」です。

じつは、僕がほんとうに伝えたい投資の基本は、「自分への投資」。自分に投資をして、いまのみなさんが持っている価値を何倍にもすることです。そうすると、「蛇口から出てくるお金」を大きく殖やせるようになるし、おもしろい人生を送れるようにもなるからです。

たとえば、いま100万円の貯金があるとします。また、現在の会社員の生涯年収は高卒で2億円、大卒で2億5000万円と言われています。

さて、ここで投資のセオリーを思い出してみましょう。「なくなってもいいお金をリターンが得られそうなものに投じること」でしたね。この「リターンが得られそうなもの」とは何か。

これから成長しそうなものです。

では、いまのみなさんにとってもっとも価値が大きく、なおかつ成長性が高いものは何でしょうか？　いま手元にある資産の100万円？　違います。

2億円の価値を生み出す可能性がある、自分自身です。

100万円をせっせと運用しても、よほどセンスのあるデイトレーダー（一日で売買を完結させ、翌日に持ち越さない取引方法を採る個人投資家）でなければ２億円にすることはできません。２倍になっても２０００万円、10倍にできても１０００万円止まりです。

けれど、２億円の可能性を秘めた自分自身に投資をして、将来その価値が２倍になったら４億円です。極端なことを言えば、働きながら自分に投資をして、そこで学んだことを仕事に活かした結果、年収が２０００万円になるかもしれません。そうすれば、５年で億の稼ぎだって目指せるのです。

一方で、自分自身への投資をしなければ、生涯で稼ぐ額は一生２億円のまま。手元にある１００万円をコツコツ運用するのと、２億円の価値がある自分自身に投資をしてその価値を増やすのと、どちらがいいのかは一目瞭然です。

「何に投資をするのがいちばん得か」と問われたら、迷わず「自分自身」と答えるべきなのです。

自分に投資すれば、人生の選択肢が増える

——自分にいちばん価値があるなんて、考えてもみませんでした。出口さんが若いときは、何に投資していたのですか？　それにはちゃんとリターンがありましたか？

ひたすら人と会い、たくさんの本を読み、旅をしていましたね。当時は「投資」だとは思っていなかったけれど、それが後の人生を支えてくれたと実感しています。ライフネット生命を立ち上げるときも、昔お酒を飲みながらいろいろな話をした人たちにずいぶん助けてもらいました。

自分への投資は、勉強をしたり、資格を取ったりするだけではありません。自分を賢くし、結果として人生の選択肢を増やすものは、すべて投資です。

たとえばみなさんがいま、海辺にいると仮定しましょう。選択肢はいくつもあります。水泳、サーフィン、ビーチバレー、シュノーケリング、はたまた砂浜でゆっくりする……。さあ、どれを楽しみたいですか？　いまそう聞かれて

も、困ってしまいますよね。だって、そのときの体調や気分によって、やりたいことは変わるものですから。元気が有り余っているときは朝から晩まで泳いでいたいし、いい波が来ていたらサーフィンがしたい。

このとき、自分の意志でどれでも好きなことを選べるようになるために必要なのが、投資です。

泳げるようになったり、サーフィンができるようになるためには、「学ぶ」という投資が必要です。投資して習得すれば、「泳ぐ」という選択も「波に乗る」という選択も気分次第で選べるようになるわけです。もちろん、「何もせずに砂浜でゆっくりする」ことだってできる。一方、何も投資しなければ、「砂浜でゆっくりする」ことしか選べません。

人生の選択肢を増やすのは、自分自身への投資です。習得しているときは必ずしも楽しいとは限らないし、コストもかかります。しかも「投資」ですから、リターンがない可能性もおおいにある。

けれど、一緒に波乗りした人がたまたま取引先の社長で、そこで大きなビジネスチャンスが生まれるかもしれない。ビーチバレーにハマり、思わぬ才能を開花させ、海辺の暮らしをはじめるかもしれない。

「そんな話、ありえない！」と思いましたか？　でも、大小を問わずあらゆる人生の可能性は、新しいことを学んだり、読んだり、足を運んだり、人と話したり、異文化に触れたりしなければ、決して生まれないのです。

そうそう、フランスの有名な画家バルテュスは、日本を訪れた際に通訳をしてくれた日本人女性と恋に落ち、その後結婚しました。彼女は当時、上智大学のフランス語学科に在籍していましたから、コミュニケーションがとれたのでしょう。人よりフランス語を勉強していた、すなわち投資していたことで、彼女の人生ががらりと変わったのです。

先ほど言ったとおり、「お金の投資」で100万円を2億円にするのは、普通の人にはかなり難しいことです。それよりは、フランス語を学ぶほうがずっとやさしい。時間さえかければ誰にでもできることですから。

自分への投資は、習得するまでの時間の差はあれど、がんばればモノになるもの。知り合いの華道の先生も、「どれだけやる気がなくても、３年続ければ師範くらいにはなれる」と言っていました。

けれど、途中でやめてしまっては絶対に身につかない。これでは投資の意味がありませんから、何に投資するにしても身につくまで続けることです。「投資は長期で」が基本です。

みなさんはまだ若く、インプットする能力も高い。僕の何倍もの成長が見込めます。僕と「ヨーイドン！」でフランス語の勉強をはじめたら、間違いなくみなさんのほうが早く習得できるはずです。

将来は予測できない

――そうなると、難しいのは「何に投資するか」ですね。「将来、世の中はこう変化するだろう」と予測したうえで選ばなくていいんですか？　グローバル化がさらに進むだろうから英語にしよう、とか。

それは、「将来を予測できる」という前提に立っている発想ですよね。「これを習得すればいつか役に立つんじゃないか、トクなんじゃないか」と。

残念ながら、どれだけアタマをひねって将来を予測しようとしても、10年先はもちろん、5年先に何が起こるかは誰にもわかりません。それほど人間のアタマはよくできていません。人類の歴史で何かを成し遂げた人は、むしろ偶然の出会いや運によってそれを達成していることが多いのです。

たとえばちょっといいレストランに行ったとき、たまにシャンパンを飲みませんか？　このシャンパンだって、ドン・ペリニヨン修道士による偶然の産物だと言われています。

当時、泡が出るワインは「失敗作」だと言われていました。ドン・ペリニヨン（俗に言う「ドンペリ」）はいまや高級シャンパンの代名詞ともなっていますが、その生みの親のドン・ペリニヨン修道士は、もともとは普通の白ワインを醸造していたのです。ところがあるとき、彼がつくったワインに炭酸ガスが大量に発生してしまいます。それまで「失敗作」だと思われていた微発泡のワインでしたが、飲み口の快さから思いがけず貴族たちに流行。その流れを受け、その後のドン・ペリニヨンが一生をかけてつくるようになったものが、現在のシャンパンの起源である……という逸話が残されています。

当時「失敗作」だと思ったお酒が、のちに世界中で高級酒になる。これをいったい当時の誰が予測していたでしょうか？ このような歴史上のエピソードは無数にあります。歴史を学んでいれば、将来を予測しようとする営為は、人間は賢いという前提に立ったかなり傲慢な発想だということがわかるでしょう。

それに失礼ですが、みなさんが簡単に思いつくような将来予測なら、すでに何万人もの人が思いつき、実際に試しているはずです。

「自分の好きなこと」に投資する

ですから、将来を予測しようとしたり損得で考えたりせずに、「自分が好きなこと」に投資するのがいちばんです。「好きこそものの上手なれ」です。英語、ピアノ、習字、料理、プログラミング……なんでもいいでしょう。新聞を欠かさず読み続けるのも、ひとつの投資です。「いまより人生の選択肢が増えそう」「いまより賢くなりそう」なものならなんでもいいわけですから、難しく考える必要はありません。

もちろん明確な目標がある人は、それに全力で投資すべきです。一方でやりたいことがわからない人は、好きなことや興味があること、誰かに勧められたといったご縁のあるものからはじめていきましょう。

将来何がどう役に立つかは誰にもわかりません。けれど、ただ空いた時間をぼーっと過ごすのであれば、ひょっとしたら将来実をつけるかもしれないことにお金と時間をつぎ込んでみてはいかがでしょう。2億円をどれだけ膨らますことができるだろうかと考えると、なかなかエキサイティングな投資に思えませんか？

自分という圧倒的な価値の源に投資する意識を、ぜひとも持ってほしいと思います。人生最大の「投資」なのですから。

投資の「３つの心得」

――自分への投資、よくわかりました。投資の対象は、自分のアタマでよく考えてみるしかないですね。それではもうひとつの投資、「お金への投資」について教えてください。

金融商品への投資のイロハから、何を基準に選べばいいのかまで、具体的な話をしていきましょう。

金融商品への投資と言うと、みなさんがもっとも恐れる「損をする話」ではないかと身構えてしまうかもしれません。

でも、リスクばかり恐れていては何もできません。最初は小さな失敗をするかもしれませんが、少しずつ経験を積んでいけば、徐々にリスクをコントロールできるようになります。どんどん新しいチャレンジをしていくことで、お金も、人生も豊かになるのです。リスクを恐れず、早いうちからトライしてみてください。

まずは基本の3つの心得からです。これらを守り、このあと説明する個別の金融商品についてきちんと理解すれば、リスクを抑えた投資ができるはずです。

①ポートフォリオをつくる

卵を1つのカゴにまとめておくと、そのカゴを落としたときに、すべて割れてしまいますが、これを2つのカゴに分けていれば半分は割れずに済みます。これがポートフォリオの発想です。つまり、いろいろな投資方法を組み合わせ、リスクを分散させるのです。投資には、個別の株式、債券、投資信託、FX（外国為替）、不動産、外国の金融商品などさまざまな方法があるので、どれかひとつにしぼらず資産を分けて投資しましょう。もちろん、「なくなってもいいお金」の範囲内で、です。

②成長するものに投資する

「自分に投資」と同じく、「これから成長するものに投資するほうがリターンが大きい」という原則はいつの世の中でも変わりません。成長率1%と10%とでは、10%のほうが10倍リターンを見込めるということです。

③長期投資で考える

3つのなかでもっとも大切な心得です。短期投資で儲けることは難しいのです。10年～20年のスパンで投資をし続けたとき、はじめて高いリターンを得る可能性が生まれます。その理由を説明しましょう。

みなさんは「自分の給与のプラスアルファとしてリターンを得たい」と思って投資をするわけですね。つまり、投資で生計を立ててはいないアマチュアです。

一方で、投資の世界には、その道何十年のファンドマネジャー（お客さんから預かった資金を運用する投資のプロ）や、投資を生業にしているデイトレーダーたちが跋扈《ばっこ》しています。そんなプロ中のプロたちでさえたくさんの失敗や苦労を重ねているのに、アマチュアの自分がそう簡単に成功するはずがない。

そう思いませんか？

自分が「この企業は伸びるはずだ」と思ったら、目先の価格が下がってもじっと持っておく。「10年スパンで勝負しないと、僕たちはリターンを得られないんだ」と、ぐっと唇を噛みしめてください。

――ちょっと下がったからといってあわてて売ったり、いいニュースがあるとすぐに飛びついて買ったりする人が、失敗していくわけですね。敵は、早く結果を出したくなる自分なのかもしれません。

そのとおりです。アマチュアの投資家は、買ったことを忘れるくらいがちょうどいいのです。5年、10年、20年と長くつきあい、あらかじめ目標としていた金額まで成長したとき、「いまだ！」と売る。そうすれば確実に殖やすことができます。だからこそ投資は、早いうちからはじめるのがオススメなのです。

投資信託からはじめよう

さて、投資には、個別の株式、債券、投資信託、FX、不動産といったさまざまな方法があると先ほど触れました。それぞれのメリットとデメリットを、簡単にまとめておきましょう。

①個別の株式投資

約3500ある上場企業のなかから、成長しそうな企業を選んで株式を買う方法です。

〈メリット〉応援したい企業や成長しそうな企業の株を買って株主となり、その企業の発展に貢献できます。安く買った株が成長すれば大きな利益を得られますし、株主優待や株主総会への参加など、お金以外の面で恩恵を受けられるのも人気の理由です。

〈デメリット〉企業の数が多く、成長しそうな企業を選ぶのが難しい。また、

１００株、１０００株を一口にして取引することが多いので、一般的には最低投資金額が10万円程度かかります。

②債券

国債が代表的な商品です。地方自治体が出している地方債や、優良企業が出している社債もあります。

〈メリット〉満期まで持っていれば、利回りは低いものの確実にお金が戻ってきます。

〈デメリット〉途中で換金しようとすれば、元本割れが生じる場合があります。
また、社債の場合、その企業が倒産すればお金は戻ってきません。

③投資信託

たくさんの人から集めたお金をひとまとめにしてプロが運用を行い、その成果として得られた利益を還元する金融商品です。投資対象は、国内外の株式、債券、不動産など多岐にわたります。銘柄も、プロが選択するタイプと市場平均に連動するタイプがあり、さまざまな商品が揃っています。

〈メリット〉値上がり益を追求するタイプや、株式や債券を組み合わせてリスクを回避するタイプ、安定した利回りを重視するタイプなどさまざまな商品があるため、目的に合った投資ができます。国内外の株式、債券、不動産、株価指数など、組み込む資産は多種多様で、個人ではなかなか投資しにくいものにも投資できるのも魅力。また、「いろいろな株や債券などの寄せ集め」であるため、そこに組み込まれているどこかの企業が倒産したり株価が下がったとしても、比較的少ないダメージで済みます。そして、少額から投資できるため、投資とはどういうものかを経験するのにも適しています。

〈デメリット〉プロに運用を任せるため、ある程度の手数料がかかります。

④FX

外国の通貨を売買し、その為替レートの差で利益を狙う取引です。日本円を米ドルに換え、円安になったときに日本円に戻すだけで為替レートの差額分の利益を得ることができる、シンプルな仕組みです。

〈メリット〉手元の資金（証拠金）を担保に、その何倍もの金額の取引ができる「レバレッジ」が使えます。レバレッジを10倍かければ、10万円の資金で100万円分の外貨を取引できるため、小さな資金で大きなリターンが期待できます。また、レバレッジを使わなければ、取引コストは外貨預金に比べて安価だというメリットもあります。

〈デメリット〉メリットの裏返しで、10倍のレバレッジを使うと、10万円の資金で100万円の損失が出るリスクが発生します。数十倍のレバレッジをかければ損失も数十倍に。また、株式市場と違い、通貨市場は世界中、24時間動いています。日中であろうと夜間であろうと容赦なく為替は動くため、アマチュアには短期の取引は向いていません。

加えて、為替取引は誰かが儲かった分、誰かが損をする仕組みなので、ゼロサムゲームとも言われています。企業のように成長するものではなく、あくまで参加者同士で価値を取りあう仕組みなのです。比較的ギャンブル性の強い取引だと心得ておきましょう（もちろんレバレッジの設定を低くし、為替変動の方向性に則って中長期的に投資することも考えられますが、初心者にとってはかなりテクニカルです）。

⑤不動産

マンションの部屋や建物、土地などを買って賃貸収入を得たり、物件の価値が上がったときに売却し、差額で利益を得たりする投資です。

〈メリット〉マンションなどの場合、空き部屋が発生しなければ、長期的に安定した所得が得られます。また、一見多額の投資資金が必要に思えますが、投資する不動産やその将来の収益を担保にお金を借りて、ローンで支払うことも可能です。

〈デメリット〉部屋が埋まらない「空室リスク」、家賃を払ってもらえない「滞納リスク」、ローンを組んだあとに金利が上昇し、高い利息が発生してしまう「金利上昇リスク」などがあります。なによりも、人口の増加が見込めない状況では日本経済の先行きは楽観できず、従来のように資産価値が上がりにくいのが最大のデメリットでしょう。もちろん、日本にいながら海外の不動産を買うのはアマチュアには難しいと思います。

率直に述べれば、FX同様、僕は不動産投資もオススメしません。これらはかなり投資の経験を積んだあとで行うほうがいいと思います（どうしても不動産にこだわりたい人は投資信託の一種であるREIT＝リートがいいかもしれません。投資家から資金を集め、そのお金で不動産を購入し、賃貸収入などを分配する商品ですから、実際の不動産を購入するよりは低リスクです）。

さて、いま紹介した5種類の投資のなかで最もオススメなのは、「投資信託」です。とりあえず投資をはじめてみたいが経験がない、毎日仕事が忙しくて価格をチェックする余裕がない、自分で運用する自信がない、というないないづくしの投資ビギナーにもっとも向いている投資法と言えます。

投資信託のイロハ――国内編

ここで、投資信託のマトリクスを単純化して、大きく4つの要素に分けて考えていきましょう。投資信託のポートフォリオには、「国内」と「海外」、「債券型」と「株式型」の組み合わせがあります。

A 国内×債券型
B 国内×株式型
C 海外×債券型
D 海外×株式型

具体的なマトリクスの話に入る前に、そもそも、株式や債券とは何か、ということを再確認しておきましょう。

株式は企業が資金調達のために発行するもので、上場していれば誰でもその企業の株を買って株主になることができます。いわば出資者になるわけですから、1株でも持っていれば、その会社のオーナーになれるのです。

債券は、国や地方自治体、企業などが資金調達をするときに借用証明書として発行するものです。国にお金を貸すのが国債で、企業にお金を貸すのが社債です。もちろん、国債は日本だけでなく世界各国で発行されています。資金調達が目的というところは株式と役割は似ていますが、利回りや満期日（いつ償還するか）が購入時に決まっている、国債は別にして誰でもすぐに買えるわけではない、などの違いがあります。

A　国内×債券型

日本国債、地方債、社債など、日本の債券を集めた投資信託です。個人では手を出しにくい地方債や社債でも、投資信託を使えば多くの銘柄に投資できます。また、債券は通常「10年国債」などと満期日が決まっているものですが、債券型の投資信託であれば期間を気にせず好きなときに売買ができ、さらに換金もスムーズに行えるというメリットもあります。

ただし、先にお話ししたとおり金利は国の成長率に比例します。ですから、現代の日本で発行されている国債に投資するのは「金融機関に預けるよりは少しマシ」くらいのイメージでしょうか。ということで、このタイプの特徴は次のとおりです。

「リスクが低く、リターンも低い」

強いて言えば、国債中心の商品よりも社債中心の商品のほうが、ややリターンもリスクも大きくなります。「大きく儲けなくてもいいから損をしたくない」という堅実なタイプの人は、この「国内×債券型」の投資信託を選ぶといいでしょう。

B　国内×株式型

日本企業の株式を集めた投資信託です。知っている企業も多いでしょうし、国内株式ですから、日々のニュースをチェックしていれば値動きも理解しやすいのがメリットです。それに、国内株式への投資は日本の経済を応援することにもなります。

近年、日本株の外国人保有比率は上がってきており、市場の約30％を外国人投資家が持っています。彼らはドル建てで株価を見るため（ドルベースの日経平均株価）、為替の動向にも注意が必要です。

「国内×株式型」には大きく分けて、日経平均株価や東証株価指数などの市場に連動するタイプのものと、個別の株式を組み合わせて市場を上回る成長を目指すタイプがあります。

前者はシンプルでわかりやすく、「国内×債券型」よりは高いリターンが期待できるかもしれませんが、市場平均を上回るリターンは期待できません。市場全体が上がっているときには市場と同じように上がり、市場全体が下がっているときには市場と同じように下がります。

これに対して後者は、市場を上回る成長を目指しているので、市場全体が上がっているときには市場より高いリターンを目指し、市場全体が下がっているときには、市場ほどは下がらないことを目指すタイプです。

つまり、企業や市場全体の成長に投資するということです。投資した企業や市場が成長しなかった場合、投資した分のお金が減る場合もあるのですが、財産三分法を思い出してください。投資は「なくなってもいいお金」の範囲でやっているはずです。それさえ守れば、万が一のときも心配する必要はありません。なくなってもいいお金を使っているうちは、リスクにはならないのです。

投資信託のイロハ――海外編

次は、外国の債券や株式についてです。外国の債券や株式に投資したいと思うのであれば、投資信託を選んだほうがいいでしょう。なぜなら、「土地勘」

のないものに投資することほど怖いことはないからです。

だからこそ、投資信託で信頼できるプロに任せたほうがアマチュアには安全。「アメリカの企業の株を集めた商品」「新興国と先進国の債券を組み合わせた商品」など、どのような投資信託を買うかさえ決めたら、あとはプロに任せます。

成熟しきった日本と違い、世界にはこれから成長していく国がたくさんあります。ただし、海外に投資する場合、つまり外貨建ての金融商品の場合、為替相場の変動によって損失が発生してしまう「為替リスク」があることをお忘れなく。

【為替リスクの例】
1ドル100円のときに、1ドルを5%の利率で1年間預ける。
↓
1年後、1ドル80円になったときに日本円に戻す
※元金の1ドルが1・05ドルになっていたにもかかわらず、為替の影響を受

けたために80×１・０５＝84円に。このように、為替リスクによって元金割れを起こしてしまうことがよくあります。為替は往々にして大きく値動きするので、金利や値上がり利益よりも大きな影響を及ぼすことを常にアタマに入れておいてください。

C　海外×債券型

国内に投資するときと違うのが、「債券でもリターンが大きい」ということ。日本では株式型でなければ高いリターンを見込めませんでしたが、一般的に海外では日本より金利が高く、特に、新興国であれば債券をベースにした商品でも大きなリターンが期待できます。

なぜなら、国自体が成長しているからです。「これから成長するものに投資するとリターンが大きい」という投資のセオリーを覚えているでしょうか？

新興国の債券を組み込んだ投資信託を買うと、どちらに転ぶかはわからないし、リスクは高い。けれど、成功したらリターンが大きそうだ、と直感で理解できると思います。

新興国だけでなく、「アメリカは人口が増えるようだし、これからも引き続き成長しそうだな」と思ってアメリカの債券を買うのもありです。基本は、「成長するところにリターンあり」ですから。

D　海外×株式型

しかし、ここで「ということは、新興国の企業が発行している株をパッケージした投資信託を買えば、もっと儲かるのでは？」と考えるのはやめましょう。

なぜか。新興国で盛んにビジネスを展開している企業は、必ずしも現地の企業ではないからです。

新興国でビジネスを展開しているのは、新興国の現地企業だけではなく、じつはフォーチュン500（アメリカのフォーチュン誌が発表する、総収入上位500社のランキング）に載っているような先進国のグローバル企業です。人件費が安い土地に工場を建てて現地の人を雇ったり、まだライバルの手が及ん

投資の4パターン

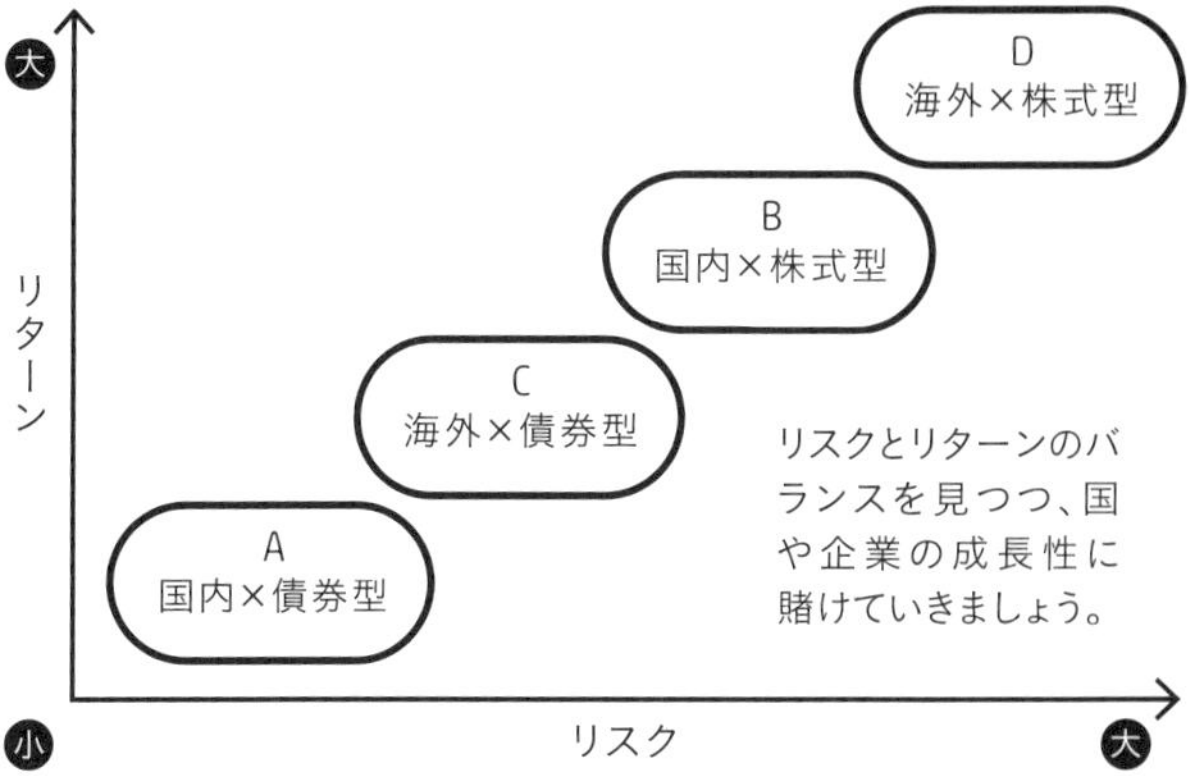

でいない地域で市場をつくったり……。日本の大企業も世界に進出しています。

　つまり、外国企業の株式を買うときは、国単位で見てもあまり意味がない。それよりも企業単位、つまりグローバル企業の株を中心にした投資信託を買うほうがいい、ということです。

　以上をまとめたものが、上の図になります。ぜひ、投資の際の参考にしてみてください。

――そういえば最近ニュースで見かけたのですが、「ＥＴＦ」ってなんですか？

これも投資のひとつですよね。投資信託のようなものなんですか？

ＥＴＦとは、「上場投資信託（Exchange Traded Fund）」の略称で、日経平均株価や東証株価指数などの動きに連動するような運用成果を目指すものです。投資信託の一種ですが、証券取引所に上場しているので、株式と同じように証券会社を介して取引できます。株式、債券、国内、海外、いずれのパターンもあります。

「国内×株式型」でも簡単に触れましたが、もう少し詳しく説明すると、投資信託には市場平均など特定の指数を上回ることを目指す「アクティブ・ファンド」と、市場平均など特定の指数を目指して投資をする「パッシブ・ファンド」の2種類があるのです。

「アクティブ・ファンド」はアナリストやファンドマネジャーなどの専門家による調査費用などのコストがかかるため、比較的手数料が高くなります。

一方、「パッシブ・ファンド」は、日経平均株価やＮＹダウなどと同じ動きをすることを目指すもので、ＥＴＦはこれにあたります。メリットは、多くの専門家を必要としないために、圧倒的にコストが安いこと。そのため、ＥＴＦはいま、世界的に規模が急拡大している人気商品です。市場の成長を大きく上回るようなリターンは見込めませんが、たとえリーマン・ショックのような大事件が起きても市場と同じ程度に下落するだけです。これに対してアクティブ・ファンドは、失敗すれば市場平均より大きく下落する可能性があります。

新興国に投資すれば、必ず儲かるのか

――そういえば先ほど、債券でのリターンは「その国の成長率」にほぼ比例すると言っていましたよね。ということは、まだ誰も注目していないような新興国に投資して成長するまで待ったら、儲かるのでしょうか。

たしかに、人口が増えつつある新興国に適切にお金が流れれば経済は発展するはずですが、セオリーどおりにうまくいかないパターンも多々あります。どんなときかわかりますか?　第1章で、「政府の役割は、集めて、配ること」とお話ししたでしょう。このベーシックな政府の役割が機能していないとき、いくら人口が増えてもその国は発展も繁栄もしないのです。具体的に言うと、一部の政治家や富裕層が私腹を肥やし、国内で適切に資本が分配されていないとき、ですね。

たとえば先進国や国際機関から「これで国を発展させなさい」と援助してもらい、お金がたくさん集まったとします。しかし、それがそのまま限られた人にのみ配られれば、一般市民にまで行き届きません。消費も増えず、ビジネスは発展せず、暮らしは変わらないのです。腐敗した政治がいまも横行している国は、世界中にまだたくさんあります。

そのような国は、いつまで経っても成長が見込めない。紙くず同然で買った債券がいつまで経っても紙くずのまま……となる可能性も高いのです。

ですから、新興国に投資をするときには、その国の政治がしっかり機能していることを見極める目が必要になります。と言っても、専門家でもないのに新興国の政治の実態をつまびらかにしていくのは、難しい。「良い政治」「悪い政治」をどうやって見極めればいいかわかりませんよね。

そこで使いたいのが、公的機関の調査報告書です。トランスペアレンシー・インターナショナルという国際的なNPO法人が、「その国の公務員と政治家がどの程度腐敗していると認識されているか」を調査した「腐敗認識指数」なるものを公表しています。

ちなみに、日本は上から18位。最下位はソマリアです（2022年）。意外にも多くの国が高い腐敗指数を示していますので、投資の参考にしてみてください。

さて、このようなマトリクスや投資信託の仕組みをよく勉強せずに証券会社の窓口に行くと、「オススメ商品」なるものを買わされてしまいます。オススメ商品のなかには、証券会社の手数料収入が高いものや、販売員にノルマが課せられているものもあります。必ずしも全部が全部、あなたのためにオススメしてくれているわけではないのです。

自分で選び、自分で納得して買うためにも、基本の大枠は確実に押さえてください ね。

知らないと損をする「ドル・コスト平均法」

さて、先ほど「みなさんは長期投資で勝負するしかない」という話をしましたが、長期投資の心強い武器となる「ドル・コスト平均法」についてここでお話ししておきましょう。

ドル・コスト平均法とは、同じ投資対象を、常に一定の金額で、定期的・機械的に買っていく投資手法のことです。いわゆる積立投資で、毎月1日に1万円ずつ、株式や投資信託を買い続けるイメージですね。

わかりやすく、1株1000円の企業があるとしましょう。1万円で何株買えますか?

10株ですね。

翌月、1株500円に下がったら、1万円で何株買えますか？

20株です。

金額を決めて毎月投資すれば、株価が上がった月は少ししか買えないけれど、下がった月にはたくさん買える。これが、ドル・コスト平均法です。何がメリットかというと、「安いときにたくさん買い、高いときには少しだけ買う」という投資の基本原則に沿った投資ができることです。「安いときにたくさん買う」機能のおかげで、結果的に1株あたりの平均購入単価を抑えることができるのです。

現にこの例では、2ヶ月で2万円を投じて30株買った結果、平均単価は666円になっているでしょう。これが、株価1000円のときに2万円を一気に払って買っていたら、単価が1000円のまま固定化されてしまう。購入コストに大きな差が生じてしまいます。また、株価が上がったときには自動的に購入株数が減りますから、単価が上がりすぎることもありません。

このドル・コスト平均法から導き出せる教訓は、「人間はそれほど賢くないから、購入のタイミングはマーケット（市場）に任せよう」というものです。

株価の動きを正確に予想できるのなら、値が下がったときにたくさん買い、上がったタイミングで売ればいいでしょう。けれど、いくら確信を持って「いまが底値だ！」と思って思いきって買っても、そこからさらに下がってしまった、もう少し待てばよかった……ということはよくあります。

どんな投資のプロであっても、株価の上がり下がりを予見することはできません。ですから、考えても仕方がないことはマーケットに任せ、毎月同じ金額で買っていく方法が、いちばんリスクが少ないのです。

「俺はデイトレーダーになる！」という気概のある人以外は、ドル・コスト平均法を使ってコツコツ積み立て、長期投資を心がける。これが投資に詳しくないみなさんにとって、いちばん安心できる、しかも確実にある程度のリターンが得られる投資法だと思います。

投資信託の簡単な選び方

――セオリーに従えば、自分にもできそうな気がしてきました。投資信託を買ってみたいと思います。ただ、投資信託だけでもたくさんの商品があります。何を基準に選べばいいのでしょうか？　そもそも、どこで買えるのですか？

投資信託を購入するためには、証券会社、銀行、郵便局などの金融機関で、まずは口座を開設する必要があります。証券会社は100種類以上の投資信託を扱っているところが多いので、選択肢をたくさん持ちたい人には証券会社がオススメです。

口座の開設は、証券会社や銀行の窓口に行ってもいいし、電話やネットで申し込んでも構いません。最近は窓口やコールセンターの対応もとても丁寧ですから、わからないことは質問し、必ず疑問を解決したうえで口座を開設しましょう。

また、2014年からはNISA（ニーサ）、2018年からはつみたてN

ISAという少額投資非課税制度がはじまっています。これは、株や投資信託などの運用益や配当金の一定額を非課税にする制度です。先に口座を開設し、そのあとにNISA口座を開設するという流れになります。

2024年からは、最大年間で360万円まで投資が可能になる新しいNISAが始まる予定です。ぜひ活用してみてください。

次に、肝心の投資信託選びです。新しい投資信託を開発して、みなさんの代わりに投資信託の運用を行う会社を「運用会社」といいます。運用会社は無数にありますが、「いい運用会社」を素人が選ぶのはなかなか難しいもの。そこは思い切って、「目利き」に任せてしまいましょう。

ずばり、運用パフォーマンスに関する賞を受賞しているファンド（＝投資信託）を選ぶのが早道です。

投資信託業界では評価機関がとてもよく機能していて、複数の機関が客観的にファンドの評価を下しています。複数のランキングを比較検討して、2〜3

年分遡ってチェックしてみましょう。複数の評価機関が「良い」と評価しているファンドを探すのです。

評価機関は、格付投資情報センター、モーニングスター、ブルームバーグ、QUICK Money World など、書き切れないくらいたくさんあります。

ファンドを探すときも、タイプごと（国内／海外、債券／株式、環境投資、国ごとなど）にソートすることもできますし、あらかじめ調べておいた個別のコードで直接調べる方法もあります。

くれぐれも運用会社の謳い文句を鵜呑みにしないでください。商売をしている側は「ウチはいい商品を出していますよ」と言うに決まっていますから。

レストランだってそうでしょう？　ミシュランの星がついているレストランは「目利きが選んだのだな」と期待できますが、「うちは都内でいちばんおいしいトンカツ屋です！」と自己ＰＲされても信じられません。投資信託は、ミシュランのような第三者の評価機関がいくつもある投資家としてはありがたい状況。使わない手はないのです。

日本の「いい会社」に投資したいなら

――せっかくなら日本の企業を応援できる投資信託を選びたいのですが、投資にそのような感情的な要素は入れないほうがいいですか？　新興国など、成長率だけを重視するのがセオリーなのでしょうか。

そんなことはありません。むしろ、ポートフォリオを意識して、新興国だけ、日本だけ、と偏らないように意識したほうがいいでしょう。

先ほど言ったように、人口の増加が見込めない状況では、日本経済の先行きを楽観的に見ることは決してできません。とはいえ、すべての日本企業が成長しないわけではありませんよね？　キラリと光るいい企業に投資できれば、大きなリターンを得ることもじゅうぶん可能です。

自分で「いい企業」を見つけるのは難しいのですが、最近では独立系の運用会社がユニークな銘柄選択を行う投資信託を販売しています。なかでも頼れるのは、社会的に「いいこと」をやっている企業に投資するという、利回り最優先の投資の世界ではめずらしい哲学を持っている運用会社です。

たとえば、「正直に一所懸命、真面目にいいことをやっている企業には、必ずファンがつく」という哲学を掲げる運用会社があります。ファンがつくということは、顧客が増えるということ。ひいては、その企業は長期的には確実に伸びていくということです。

ただし、「いい企業」がやっている「いいこと」が社会に認知されてファンがつくには、時間がかかります。投資のスパンを1年、2年ではなく10年、20年とかなり長期で考えている。みなさんが狙う長期投資と同じ考えですので、こういう投資信託を購入するのは筋がとおっている選択のひとつでしょう。

ほかにも、「日本の未来へ貢献する」という哲学を持っている運用会社や、ファンドマネジャーや創業者に強い思いがあり、かつ優れた実績をあげている運用会社は、いくつもあります。経営理念や運用実績などを調べて、その投資哲学に共感し、実績面でも信頼できると思ったら、そこに賭けてみるのも手かもしれません。あえて具体的なファンド名は出しませんので、ぜひ自分で探してみてください。

投資信託選びは、最終的には医者選びのようなものです。自分にできるのは、「誰に何をお願いするか」を決めるところまで。

医者に自分の身体を預けるとしたら、できることならゴッドハンドの先生にお願いしたいでしょう？　ゴッドハンドは難しくても、せめて地域でいちばんの医者には診てもらいたいもの。先生を決めたら、後は信じるのみです。

同じように僕たちのようなアマチュアにできるのは、このファンドマネジャーに自分のお金を本当に任せられるかを調べたり、第三者機関の評価をチェックしたりするところまで。最後は、信頼してお金を積み立てるだけです。

もちろん、自分の価値観や思いとあっているからといって、パフォーマンス（運用実績）のよくない投資信託に投資するのはもったいないことです。みなさんの思いと運用会社の哲学、そして過去のパフォーマンスを照らしあわせて総合的に判断しましょう。

個別の株式は「バーテンダー理論」で買う

――そういえば最近、株主優待を特集しているテレビを見て、個別の株式にも興味がわいてきました。難易度は投資信託よりも高そうですが、挑戦するときのポイントは何かありますか？

昔、僕の知り合いに、若いバーテンダーがいました。彼女はごく普通の若者に見えたのですが、株式投資、しかも個別の株式できちんと儲けを出しているというのです。不思議に思って「どうして君は投資が上手なの？」と聞いたら、こう答えたのですね。

「私は、お店に来るお客さんが勤めている企業の株しか買いません。そのなかで、金払いがいい人の企業の株を選ぶんですよ」

かつて飲み屋やバーでは、ツケで払うことがよくありました。常連さんが、「あとでまとめて払うから、ちょっとツケておいて」とお願いしているのを見たことがありませんか？ すると、そのツケを督促したときに、すぐに払ってくれる人もいれば「ボーナスまで待ってくれ」という人もいるわけです。

そのバーテンダーは、前者のすぐに現金を用意できる人は、財産三分法の「預金」にお金がきちんと入っている、ひいては月々入ってくる水の量も潤沢だろう、と考えたそうです。つまり、その企業の業績はいいはず。だから、株を買う。

逆に、ボーナスまで待ってくれという人は「預金」が少なく、ひいては蛇口から出てくる水の量も少ない人だと想像できる。ということは、企業の業績がよくないのだろう。だから、その企業の株はすぐに売ってしまおうと。

そのように考え、金払いのいいお客さんの企業の株を買って、金払いの悪いお客さんの企業の株を売っていった。そうしたら儲かったのだ、と教えてくれました。

この若いバーテンダーから受ける教訓は、「自分がよく知っているものに投資しろ」。逆を言えば、「自分の知らないことには投資するな」ということでしょう。

先ほど、投資信託は人に任せる投資だ、という話をしました。一方、個別の株式は自分で行う投資です。実感を持って「ここに賭けよう」と思える企業を選ばなければ、自分でやる意味がないと思いませんか？　だって、評判やマーケットの動きだけをアテにしていたら、本質的には「人に任せる投資」と変わりません。

たとえば僕は、電車通勤をしていました。毎日毎日、その鉄道会社のサービスに触れているわけです。そのなかで、「混雑緩和のための工事をしてから使い勝手がよくなった。工事をするということは資金力もあるだろうし、便利になればこれからお客さんも増えるだろう」と考えて株を買う。これが「実感」です。

一方で、乗ったこともない遠く離れた地域の鉄道会社に投資するかどうか考えても、決め手がない。判断できる要素は、画面のなかで上がり下がりする数字（株価）しかないのです。

あの「投資の神様」と呼ばれるウォーレン・バフェットだって、ＩＴ関係の株はほとんど買いません。「俺は年寄りだから、ＩＴのことはよくわからない。

よくわからない企業の株は買わない」と公言しています。プロを通り越した神様ですらそうなのですから、いわんや我々アマチュアをや、です。

知らないものに、投資はできない。個別の株式投資は「よく知っている日本の企業に投資する」のがセオリーです。

本章では、まず「自分への投資」、次に「お金への投資」の説明をしてきました。もしかしたら、あとから説明した「お金への投資」のほうがピンと来たかもしれません。数字が目に見えてわかりやすく、「将来に備えている気持ち」になりやすいものですから。

しかし、本当に投資すべき資産は自分自身であるということは、財産三分法を見直すとき、常に思い出してください。人生で億単位のお金を動かし、殖やせるのは、ここしかありません。

どのような投資をするか？　どのような経験をするか？　体力も気力も残りの人生でもっとも充実しているいまこそ、最大のチャンスです。貪欲に、いろいろいろな学びを得てほしいと思います。

第5章

「稼ぐ」編

働き続けるからこそ自由になれる

仕事の選択肢は山のようにある

——ここまで、出口さんは一貫して「入ってくる水」、すなわち「フロー」が「ストック」よりも大切だとおっしゃってきました。それはわかるのですが、どんな大企業もいつ倒産するかわからない時代です。どうすれば、一生食いっぱぐれずに働き続けられるのでしょうか。

結論から言うと、まったく心配しなくていいでしょう。マクロで見たら、昔よりもいまの若い人のほうが安泰です。

なぜならいまの現役世代は、人口が少ないからです。

僕は1948年生まれで、いま75歳。いわゆる団塊世代（1947年〜49年生まれの第一次ベビーブーム世代）の真ん中で、同級生は全国におよそ220万人もいます。一方で、みなさんは同級生がだいたいどれくらいいるか知っていますか？

20代で124〜128万人、30代で128〜142万人、40代で157〜

185万人です。20代は僕たちより約100万人も少ないのです。しかも、それより下の世代の人口は、輪をかけて減ってきています。

さて、一学年200万人以上いた団塊世代は順次退職していき、労働市場から姿を消しつつあります。

要するに、団塊世代が10人がけのベンチに10人でギュウギュウに座っていたのに対し、みなさんの世代は5~7人しかいない。つまり、明らかに働き手が足りないのです。日本は、2030年ごろにはいまと比べて、じつに800万人もの労働力不足に陥るとも言われています。

これ、みなさんにとってはかなりラッキーなことだと僕は思います。

人口の多い世代が労働市場から次々といなくなり、ぽっかりと席が空く。そうすると、求人が増える。あらゆる業界、業種から引く手あまたとなる。転職の面接に行ったら「明日から来てくれ」と言われるくらい、人手不足の職場が増えていくはずです。

もちろん、「絶対にメガバンクじゃないといやだ」「東証一部上場の有名企業にしか行きたくない」というのであれば、それなりにがんばらなければいけません。でも、「職場の規模やブランドなど気にならない」「多少ハードな仕事でも、体力には自信がある」と選り好みさえしなければ、選択肢は山のようにあるということです。

天職かどうかは誰にもわからない

――職にあぶれないのは、たしかに安心材料かもしれません。でも、いまの出口さんの言い分だと、「とりあえず仕事はあるから、選り好みせずに働けばいい」というふうに聞こえます。せっかくならやりたいことを見つけて、やりがいを持って働き、その成果として給与をもらいたいと思うのですが。

歴史上、はじめからやりがいのある仕事に就いて、そのままやりがいのある仕事を続けて、満足して死んだ人が、いったいどれくらいいたでしょうか。

僕のもとにもよく学生がやってきては、「やりたい仕事が見つかりません」

と嘆きます。でも、社会に出て働いたこともないのにやりたいことがわかったら、そんなラクな話はありません。スポーツ選手のように「小さいころから夢を持ってがんばり、結果もついてきた」ケースは、奇跡のようなもの。おそらく人口の０・０１％にも満たないでしょう。

周りの人に、いまの仕事を選んだ動機を聞いてみてください。「安定していると思った」「かっこいいと思った」ならまだいいほう。偶然や、人に勧められたなど、だいたいがたいした理由ではないはずです。

たとえ60代になったとしても、「自分の仕事が天職かどうか」なんて誰にもわからないのです。死ぬときに「そこそこやりたい仕事をやって、人生を楽しんで、一所懸命生きることができたのかな」と自分で判断するしかない。

僕も、「生命保険の生き字引」などと言われたりもしましたが、34年勤めた日本生命は司法試験の「滑り止め」だったのですよ。司法試験に受かっていたら、違う人生を送っていたでしょう。

やりがいや自己実現の幻想に縛られ、せっかくご縁があった仕事をないがしろにする。これでは、本末転倒です。むしろ、「ラン&テストをしているうちに、いつか自分にあった仕事が見つかるさ」と口笛を吹いて、せっかく携わることになった仕事を楽しむ姿勢でいたほうが、結果的にいい仕事に巡りあえるだろうと僕は思います。

給与にはどれくらいこだわるべきか

——なるほど、その割り切りは大切かもしれません。ちなみに、給与にはどれくらいこだわるべきでしょうか？　心情としては、少しでも高い給与をもらえる職場を狙ったほうがいい気がしてしまうのですが。

あたたかい寝ぐらがあり、毎日ふつうにごはんが食べられて、ある程度のおしゃれもできる。こういった条件が整うまでは、お金をより多くもらうことが優先されるべきです。「衣食住が満たされるまでは、お金がすべて」。そう言い切ってもいいでしょう。

そこさえ満たされたら、人間はそれほど不満を抱かない生き物です。むしろ、お金以外のことでものごとを判断するようになります。「この仕事が好きだ」「こっちのほうがおもしろい仕事ができそうだ」「社会に貢献できそうだ」などのウェイトが高まっていく。

たとえばいま、年収が２００万円くらいだったら「もっと稼がないと」と考え、年収３００万円の仕事が見つかったらすぐに転職を決めるでしょう。ここでのプラス１００万円は、衣食住を満たす非常に重要な要素なのです。

しかし、１０００万円の仕事と１１００万円の仕事だったら、自分のやりたいほうや、スキルアップにつながるほう、世の中の役に立ちそうなほうを選ぶのではないでしょうか。衣食住を満たしたうえでの１００万円に、それほどの価値はないということです。

一生働いて「フロー」を止めない生き方

――退職後はどうでしょうか。僕らが定年を迎えるころには、平均寿命ももっと延びているだろうし、食いっぱぐれる不安は尽きません。先ほど出口さんは「60歳を過ぎても働けばいい」と言っていましたよね。

ええ。定年退職のことは考えなくてもいいと思います。アメリカや連合王国（イギリス）などのアングロ・サクソン諸国では、履歴書に年齢欄がありません。というよりも、年齢を聞いたら訴えられてしまうのです。年齢も性別も、問わない。問われるのは、能力とやる気と健康だけ。そして、パフォーマンスが出なければ、解雇される。

これは、非常に合理的な労働慣行ですよね。30歳でも役に立たない人は職場には不要。65歳でも新しいアイデアを提案できる人には、いつまでも働いてもらいたい。それが経営者のホンネですから。高齢者を解雇するときも、あくまで問題は年齢ではなくパフォーマンスなのです。

――でも、それはやっぱり理想論ではないでしょうか。いまの日本のほとんどの職場には、定年退職という制度がありますし。

今後、まちがいなく変わっていくと思います。この国の労働力不足の状態は、そう大きくは変わらないはずです。いまから爆発的に人口が増えることは、どうもあり得ないようですから。パフォーマンスさえあげることができれば、「できるかぎり働いてほしい」と労働市場から求められる可能性のほうが高いです。ただし、定年制を廃止すると、従業員を解雇することがいまより簡単になるでしょう。パフォーマンスの低い人を雇っていては、コストばかりがかさみますから、その対応策は必要です。

これまでの日本は戦後にできた終身雇用をベースとした「みんなで仲良くがんばりましょう」という世界でした。特に大企業は、誰かを解雇すると言うと、組合を中心に「弱い者いじめだ!」と大騒ぎ。ですから、大企業は辞めさせたい人がいても、追い出し部屋などの陰湿かつ非効率なやり方で「自主的に」辞めてもらうしかない状況だったのです。

けれど、これからは実力主義の世界になりますから、使えない人はどんどん企業からいなくなります。仕事ができなければ高齢者も、部長も、もちろん若い世代も、容赦なく「もう来なくていい」と宣告される。

シビアな世界ですが、社会全体で見れば大幅な労働力不足が起こっているわけですから、仕事がなくなる心配はしなくていいのです。

定年制の廃止とともに、年功序列の見直しも

さらに、定年制廃止の議論とセットで、年功序列の見直しも行われるでしょう。それによって、グローバル基準である同一労働・同一賃金制が一般的になっていくはずです。つまり、

「いままで55歳の彼には年功で1000万円を支給していたが、そこまでの働きはしていなかった。来年は年俸500万円にしよう」

「彼は新入社員だけれど、よくがんばって高い売上を上げている。いままで新人の給与は250万円だったけれど、来年の年俸は500万円にアップしよう」

といった変化が起こるのです。

――一所懸命働きたい人にとっては、やりがいのある社会になるわけですね。でも、どうして年功序列が日本のスタンダードになってしまったのでしょうか？

高度成長期、日本のＧＤＰは「10年でおよそ２倍」（実質成長率７％）の成長を遂げていました。売上１億円の企業は10年で２億円に。さらにその10年後は４億円に。その10年後は８億円に……と。日本経済も企業も、どこまでも膨らんでいく風船のようでした。

企業は儲かるし、それにつれて社員の給与も毎年のように上がっていく。社員も、給与が上がるなら、多少大変でも辞めなくなります。企業も、それならめんどうな査定などせずに、年齢順に等しく給与を支給してしまおうと考えるようになったのです。

年功序列制度は、先着順でメンバーが決まる野球チームのようなもの。たしかに選考の手間は省けますが、実力を反映しているとは言えません。

一方、いまの時代は実力主義へと向かっています。誰がいちばん打率がいいのか。どの投手の奪三振率が高いのか。すべてデータ化され、そこには温情の入り込む余地はほとんどありません。力があれば、最年少の選手がエースでも4番でも、誰も文句を言わないでしょう。

バブルが終わり、成長も止まり、年功序列の仲良しチームでは市場の勝負に勝てなくなっている。これは、みなさんも感じていることですよね。

同一労働・同一賃金制は厳しく見えるかもしれませんが、世界的に見ればごく普通の給与体系です。どちらのほうが、企業としての競争力が上がると思いますか？　ぜひ考えてみてください。

タイムラグのメリットを使う

労働力不足を解消する手段としてほかの先進国で広くとられている政策は、移民の受け入れです。極論ですが、労働力が800万人不足すると言われる

2030年までに、総理大臣が「移民を1000万人受け入れます！」と宣言したら、みなさんはいまよりも厳しい労働環境に置かれることになるでしょう。働くためのポストをめぐり、競争が起こるのは間違いありません。

けれど、それほどの胆力と決断力のあるリーダーは、そうそうは現れません。となると、現在、声高に叫ばれている女性の活躍に加えて、遠くない将来、「定年制を廃止しよう」という議論が必ず出てくるはずです。それに、定年制を廃止すれば、高齢者はアタマも身体も使うので、第3章でも述べたように健康寿命も延びるでしょう。課題先進国であり、超高齢社会の日本にこそふさわしい政策だと僕は思います。

――でも、世界情勢や世の中はものすごいスピードで変わる、と出口さんも言っていたじゃないですか。移民を受け入れる可能性がゼロではない以上、やっぱり食いっぱぐれてしまう可能性はあるということですよね？

そのような「起こるかもしれないこと」で不安を抱えていると、人生は楽しくありません。

といっても、おっしゃるとおり、可能性がゼロでなければ対策はきちんとしておきたいですよね。ここで活かしたいのが、「タイムラグのメリット」。仮に移民が大量に入ってくるとしても、法整備なども必要なので、少なくとも向こう5年ないしは10年以内に起こる可能性はかなり低いでしょう。だったら、その5年、もしくは10年を使って力を蓄えておけばいいのです。

5年もあれば、勉強もできれば転職もできる。不安を原動力に変え、自分に投資をして、「これなら低い賃金を受け入れる移民が1000万人入ってきても、雇う価値があると思われるだろう」というレベルまでスキルを磨いておくのです。

これまでの話をまとめましょう。これから起こる労働力不足を補うためには、

①女性にもっと働いてもらう
②定年制を廃止する

③移民を積極的に受け入れる

このいずれかしか選択肢はありません（もちろん中長期的には第1章でお話しした「シラク3原則」のような出生率を上げるための政策が必要です）。

正社員のメリットはなにか

――たとえば、うっかり入った職場が過重労働やセクハラ、パワハラ、給与未払いなどのブラック企業だったらどうすればいいですか？

即、逃げ出しましょう。

悲しいかな、歴史を見れば明らかですが、独裁者という人間は改心したためしがありません。ヒトラーもスターリンもそうでしょう？ 独裁者は死ぬまで独裁者なのですから、入った企業がブラック企業だったら、みんなで大脱走するのがいちばんです。そうすれば、ブラック企業は自然と倒産していくでしょう。

だいたい、パワハラを受けたり、望んでもいない長時間労働を強いられたり、給与をもらえなかったりしたら、何より一回きりの人生が楽しくないでしょう。心身を病む前に、スパッと辞めてしまいましょう。

――正直、「スキルがないから転職できないんじゃないか」「一度辞めると正社員に戻れないかも」という焦りもあります。正社員のほうが立場も安定しているし、収入だって安定するでしょう？

まず、スキルについて。

「スキルがないから怖くて辞められない」

「次の仕事に活かせるスキルを、アフター5と土日を使って身につけてから辞める」

これは、いまの環境から出ていかないことへの言いわけです。

人間は、いやなところで働いていると、健康も害するし、性格も歪むもの。

まずは、えいやっと飛び出してしまうことです。人手の足りていない業界に行って稼ぐのもいいでしょう。

スキルは、新しい環境に積極的に身を置いて、大変だ、大変だ、と言いながら身につけることのほうがむしろ多いのです。

人と話すのが苦手な人が、それを克服しようとして会話術に関する本を大量に読み、頭のなかで何度もシミュレーションしたとしても、大切なのは実際に人を前にしたときの経験でしょう？ 実際のコミュニケーションで、実践する。それを何度も経験してこそ、はじめてスキルも磨かれるというものです。

仕事も同じです。ブラック企業で真っ当なスキルが身につくはずがありません。まずは飛び出して、スキルが身につく場所に飛び込んでみましょう。それがたとえ非正規雇用であっても、です。そこで自分のものにしたスキルこそ、本当に使える武器になるのです。

さて、いま「非正規雇用でも」と言いましたが、僕が考えるいま正社員であることのメリットは次の3つだけです。この3つのメリットと、ブラック企業で働き続けることのデメリットを天秤にかけて判断していきましょう。

①立場が守られている……簡単には解雇されない。
②給与がいい……毎月決まった額が入ってくる。賃金が非正規雇用よりも高い（厚労省「令和4年賃金構造基本統計調査」によれば正規と非正規では100万円以上の年収差がある）。
③社会保険が充実……雇用保険料、厚生年金保険料、健康保険料の3つは、職場と自分で折半できる。

なお、この3つがこれからどうなるかですが、まず、①の「解雇されない」。これは先ほど言ったとおり、定年制がなくなればいずれは消えていく文化です。より優秀で高い付加価値を生み出せる社員を残さなければ、会社の損失がかさむ一方ですからね。ただ現時点では、正社員のほうが雇用で守られていると言えるでしょう。

次に、「給与」。これも、実力社会、同一労働・同一賃金社会になれば次第に通用しなくなります。

最後の「社会保険」ですが、アルバイトでもパートでも正規の社員と同じ社会保険が適用される方向へと議論が進んでいます（いわゆる「適用拡大」の議論です）。

なぜボーナスが存在するのか

またボーナスに関しては、「なぜ存在しているの？」という問いから入ってみましょう。どうしてはじめから給与に組み込まないのか、と。

景気がよかったとき、年2回支給されるボーナス（年度末も入れて3回のことも）は、「儲かったお金の還元」でした。ところが、いまの時代はどちらかというと「月々の固定給を抑えるため」の意味あいが強くなっています。月々の給与はいかなるときでも支払わないといけないけれど、ボーナスは儲からなければ払わなくていいわけですからね。

つまり、企業にとってボーナスとは、年度初めに経営計画を立てるときに、「儲かったらこれくらい払ってもいいけど、最低ゼロでもいいだろう」と、人件費のバッファをとっているようなものなのです。

だいたい、企業に応募するときに「月収20万円＋夏・冬一時金」と書かれてあっても、実際のところトータルでいくらになるのか計算ができませんよね。これでは生活のメドが立ちにくい。０・５ヶ月分ずつだったら年収２６０万円だし、３ヶ月分ずつだったら３６０万円にもなります。これは、契約としてズルいと思います。

退職金は終身雇用の遺産

退職金も、いわば終身雇用の遺産です。みなさんの給与からこっそり月々引いていたものを、後払いしているだけ。あえて厳しい言い方をすれば、ありがたがっているのは企業に飼い慣らされている人というわけです。

終身雇用は、離婚のできない結婚と似ています。いい相手をつかまえたらもちろん最高です。けれど、それでも人の気持ちは変わるもの。途中でうまくいかなくなったら精神的にも自由を奪われてしまいます。「あとでまとめてお金を払うから」と言われれば、払われるまで待とうかな、と思うのが人情です。50歳を超えると、「なんとか退職金をもらってから辞めてやる」と企業にしがみつく心境になっていきます。これでは、羽をもがれた鳥と同じです。

どうでしょうか。「正社員」と言うと特権階級のように思えますが、それほどたいしたことないでしょう？　「現状では、解雇される確率がやや低い」「給与が少し高い」「厚生年金や健康保険に入れる」。この3つのために正社員の立場にしがみついて、死んだ魚のような目をしてブラック企業で働くほどのリターンはないのではないでしょうか。

昔は企業に入ると、先輩から「仕事はしんどいものだ。でも我慢しろよ。そのかわりに毎年給与は上がっていくし、ボーナスも出るんだから」などと言われていました。僕もよくそう言われたものです。「仕事とはそういうものか」と思いがちになるけれど、世界を見れば決してそうではない。みんな、仕事が楽しいほうがいいに決まっています。

しかも、いまは給与が上がらず、平均所得も大きく下がっています。「毎年給与が上がっていくし、ボーナスも出る」というリターンがないのに、心身ともにしんどい仕事を我慢する必要はどこにもないじゃないか、と反論もできるわけです。

お金を稼ぐ意味とは？

――ここまでお話を伺ってきて、「働くこと」と「稼ぐこと」が分けられていなかったことに気付きました。

「お金を稼ぐ」とは、一言で言えば能力です。

自分がある分野において高い能力がある、もしくは深い知識があるとき、蛇口から水が出てきます。それが人よりも優れていたり、めずらしい分野だったら、より多くの水が出てくるわけです。

たとえば「税務処理なんてお茶の子さいさい」という女性が専業主婦になったとしても、離婚したくなったときはハローワークに行けばいい。これといった能力のない人より、はるかに職が見つかる可能性は高いでしょう。

つまり、お金を稼ぐ能力があるということは、ひとりで食べていける、ひとりで生きていけるということでもあるのです。

そしてその結果、「自由」という人生の選択権が手に入るのですね。

「ひとりで海外旅行ができない人と海外に行くことほどつまらないことはない」という言葉があります。カップルで旅行に行ったとして、相手がひとり旅できないタイプだと仮定しましょう。もしエッフェル塔の下で大げんかしても、そのあとセーヌ川を渡ろうが、ルーブル美術館に行こうが、ずっと仏頂面の恋人と一緒にいないといけないでしょう？　まるで、赤ちゃんを連れているようなものです。でも、お互いひとり旅できるなら、アタマを冷やすまで別行動ができる。相手がひとりで行動できないばかりに、お互いの「自由」を失っているのです。

また、旦那さんとうまくいっていない女性がいるとします。もしその女性に稼ぎがなかったら、ギリギリまで我慢して、あとはもう実家に帰って親に面倒を見てもらうか、誰も知らない場所に逃げるしかありません。行動の自由がないわけです。けれど、働いていればすぐにマンションを契約して、「はい、さようなら」ができる。これこそが、「自由」という人生の選択権です。

人間にとって、「自由」を選べないのは心理的にとてもしんどい。稼ぐ力さえあれば、移動の自由も、行動の自由も、自立の自由も、いつでも手に入るのです。

蛇口から水が出る以上に、自分の足で立っている感覚は、尊いものなのではないでしょうか。

大逆転は狙えるのか

――僕たちは、どうすれば稼ぐ能力を大きく変えることができるのですか？　最近はお金がある人とない人に二極化していると言われていますが、貧困に近い生活を送っているような人でも、大逆転は狙えるのでしょうか。

ライフネット生命には、高校を中退して働いていたものの、通信制の高校に通い単位を取得、その後、一念発起して大学試験を受けて大学に入り、入社した社員がいました。

身も蓋もありませんが、「受けた教育のレベルが低いと、いい仕事につける確率はぐんと低くなる」というデータがあるのは事実。中卒と大卒（大学院卒含む）とでは、生涯賃金に１億円近い差があるのです（労働政策研究・研究機構「ユースフル労働統計２０２２」）。

一方で、厚労省によれば現在、子どもの７人に１人、ひとり親の子どもの約５割が貧困層にいると言われています（『２０１９年　国民生活基礎調査の概況』）。

たまたま貧しい家庭に生まれ、まっとうな教育を受けられなかったばかりに、一生低賃金で働き続けなければならない。これは社会全体で解決すべき問題です。マクロな話をすれば、政府が打つべき対策は、貧困層、特に子どものいる層への補助を厚くしたり教育を無償化するなどして、子どもたちに等しく高度な教育を受けさせること。そして、自分のアタマで考えられる大人になってもらって、貧困の連鎖をつくらないことがいちばんでしょう。自分のアタマで考えるクセがついている人は、必然的に稼ぐ力も身についてくるのです。

しかし現状、日本のGDPに占める教育機関への公的支出割合は、2・8％と、データのある加盟37ヶ国中36位で、OECD平均の4・1％を著しく下回っています（「読売新聞オンライン」22年10月4日）。これは、将来を考えると由々しきことだと思います。

また、貧困層と言わないまでも、「どうもぱっとしない」「生活が苦しい」「ドツボにはまってしまった」と感じている人もいるでしょう。「このままではどん詰まりだ」と。

その人たちに足りないのは、「ほんとうのことを教えてもらった経験」。つまり、リテラシーを養うための教育なのですね。貧しい生活に陥るいちばんの原因は、受けるべき教育を受けてこなかったことにあります。それには本書でお伝えしてきたような、「お金ってなんだろう?」という話や「いますべき投資は?」「政府の役割は?」といったことも、もちろん含まれます。「貧しい人にはパンを与えるのではなく、魚の釣り方を教えるのだ」という言葉の示すとおりです。

世界の大学生の20%は25歳以上

学ぶことに年齢制限はありません。新しく何かを学ぶときには、まとまった知識を与えてもらうことが何よりも大切です。と考えると、ハードルは高いかもしれませんが、いちばんいいのは大学でしょう。

現存する世界でもっとも古い大学のひとつに、10世紀にエジプトのカイロにできたアズハル大学があります。

この大学には、有名な3原則があります。それは、「入学随時」「出欠席随時」「修業年限随時」。学問を志す者に対して、誰に対しても門戸を開いていることの証です。これこそ大学のあるべき姿だと、僕は思っています。

しかし、「大学生のなかで25歳以上の学生が何%を占めるか」というデータをとってみると、驚くべき結果が出てきます。25歳以上の学生は、世界の平均だと20%、つまり大学生の5人に1人は25歳以上なんですね。それに対して日本は、なんと2%。一度社会に出たらもう大学には戻らない大人が、いかに多いことか。

日本では、仕事や家庭の環境がなかなか許さないという事情もありますし、教育を受けるのは未成年の仕事だと思われているフシもあるのでしょう。

しかし、アズハル大学が示しているように、学ぼうと思ったそのときが学びどき。今の環境から脱却するためには、教育がいちばん効くのです。大学に行けないのであれば、図書館に行く、インターネットで調べる、通信教育を受ける（オンライン講義も最近では充実してきています）。知識が吸収できるものであれば、なんでも構いません。有志の勉強会に参加して仲間をつくってもいいでしょう。

稼ぐためには自分の得意技をまず見つける

稼ぐためには、最初に「自分はこれができる」という得意技を見つけること。つまり、投資することが大切です。

いまが勝負どきだと感じたら、貯蓄が10万円しかなかったとしても、３万円しかなかったとしても、思い切って全額自分に投資してしまいましょう。

パソコンを買ってプログラミングを学ぶ。人のお世話が好きなら、介護検定を受ける。何かテーマを決めて、ブログをはじめるのでも構いません。どうしても好きなことが思い浮かばないのであれば、英語を勉強するのが手堅いでしょう。

できるだけ自分の好きなことを選び、「これならできる」というものをひとつずつ身につけていく。使い古された言い方ですが、「芸は身を助く」はほんとうです。

みなさんは、まだ若い。自分ではもう若くないと思うかもしれないけれど、幸いにも平均寿命は延びているので、これからの人生は長いのです。一極集中、全額投資。そうと決めたら、一度セオリーを離れ、貯蓄を忘れ、投資に振り切ってみましょう。

ここで何かのスキルを少しでも身につけられれば、自分という人間にマーケットからの需要が生まれ、稼げる人になる一歩を踏み出せるはずです。ほんの少しでも自分に対して需要が生まれれば、あとはがんばって供給して、スキルアップしていくだけ。10万円を突破口にして、自分自身にレバレッジをかけていきましょう。

お金とは何か、預金とは、ローンとは、借金とは、投資とは……。政治や経済も含め、ひとつずつ知識を積み重ねて思考を深めていけば、お金にも人生にもつまずくことはなくなります。それが、じゅうぶんなリテラシーがあるという状態なのです。

大切なのは、数字とファクト。そしてそれをもとに自分のアタマで納得できるまで考えようとする姿勢です。普段からそのクセをつけておけば、いたずらに不安になることも、メディアに煽られることもなくなるでしょう。
お金に振り回されることなく、楽しく自由に生きていきましょう。

参考文献

・「これからの日本のために財政を考える」財務省
https://www.mof.go.jp/zaisei/index.htm
・「国税庁レポート２０２２」国税庁
https://www.nta.go.jp/about/introduction/torikumi/report/2022/index.htm
・「現金派・キャッシュレス派　それぞれの財布の中に入っているお金はいくら？」東証マネ部！
（２０２３年２月６日）　https://money-bu-jpx.com/news/article042630/
・「２０２１年　国民生活基礎調査の概況」厚生労働省
https://www.mhlw.go.jp/toukei/saikin/hw/k-tyosa/k-tyosa21/index.html
・「令和３年版働く女性の実情」厚生労働省
https://www.mhlw.go.jp/bunya/koyoukintou/josei-jitsujo/21.html
・「令和３年度子供の学習費調査」文部科学省
https://www.mext.go.jp/content/20221220-mxt_chousa01-000026656_1a.pdf
・「教育費負担の実態調査結果」日本政策金融公庫
https://www.jfc.go.jp/n/findings/pdf/kyouikuhi_chousa_k_r03.pdf
・TRANSPARENCY INTERNATIONAL
https://www.transparency.org/en/
・「人口推計　２０２３年（令和５年）４月報」総務省統計局

https://www.stat.go.jp/data/jinsui/pdf/202304.pdf
・「令和４年賃金構造基本統計調査　結果の概況」厚生労働省
https://www.mhlw.go.jp/toukei/itiran/roudou/chingin/kouzou/z2022/
・「ユースフル労働統計２０２２」独立行政法人労働政策研究・研修機構
https://www.jil.go.jp/kokunai/statistics/kako/2022/index.html
・「２０１９年　国民生活基礎調査の概況」厚生労働省
https://www.mhlw.go.jp/toukei/saikin/hw/k-tyosa/k-tyosa19/index.html
・「教育機関への公的支出割合、日本はワースト2位…ＯＥＣＤが発表」読売新聞オンライン（22年10月4日）https://www.yomiuri.co.jp/kyoiku/kyoiku/news/20221004-OYT1T50131/
・「国債等の所有者別内訳（令和5年3月末（速報））」財務省
https://www.mof.go.jp/jgbs/reference/appendix/breakdown.pdf
・「令和４年版高齢社会白書（全体版）」内閣府
https://www8.cao.go.jp/kourei/whitepaper/w-2022/zenbun/04pdf_index.html

本書は、二〇一六年にポプラ社から
刊行した作品を新書化したものです。

デザイン（本文の一部）　FROG KING STUDIO
校正　鷗来堂
編集協力　田中裕子（batons）

出口治明

でぐち・はるあき

1948年、三重県生まれ。立命館アジア太平洋大学(APU)学長。ライフネット生命保険株式会社創業者。京都大学法学部を卒業後、1972年、日本生命保険相互会社に入社。生命保険協会の初代財務企画専門委員長として、金融制度改革、保険業法の改正に従事する。ロンドン現地法人社長、国際業務部長などを経て、2006年に退職。同年、ネットライフ企画株式会社を設立し、代表取締役社長に就任。2008年、ライフネット生命保険株式会社を開業。2012年、上場。社長、会長を10年務めたのち、2018年より現職。訪れた世界の都市は1200以上、読んだ本は1万冊を超える。おもな著書に『生命保険入門 新版』(岩波書店)『人生を面白くする本物の教養』(幻冬舎新書)『哲学と宗教全史』(ダイヤモンド社)「人類5000年史」シリーズ(ちくま新書)『一気読み世界史』(日経BP)『働く君に伝えたい「考える」の始め方』(ポプラ社)『0から学ぶ「日本史」講義』シリーズ (文春文庫)などがある。

ポプラ新書
251
働く君に伝えたい
「お金」の教養
2023年12月4日 第1刷発行
2024年10月30日 第3刷
著者
出口治明
発行者
加藤裕樹
発行所
株式会社 ポプラ社
〒141-8210 東京都品川区西五反田3-5-8
JR目黒MARCビル12階
一般書ホームページ www.webasta.jp
ブックデザイン
鈴木成一デザイン室
印刷・製本
TOPPANクロレ株式会社

N.D.C.330/270P/18cm ISBN978-4-591-18008-2

P8201251

生きるとは共に未来を語ること　共に希望を語ること

昭和二十二年、ポプラ社は、戦後の荒廃した東京の焼け跡を目のあたりにし、次の世代の日本を創るべき子どもたちが、ポプラ（白楊）の樹のように、まっすぐにすくすくと成長することを願って、児童図書専門出版社として創業いたしました。

創業以来、すでに六十六年の歳月が経ち、何人たりとも予測できない不透明な世界が出現してしまいました。

この未曾有の混迷と閉塞感におおいつくされた日本の現状を鑑みるにつけ、私どもは出版人としていかなる国家像、いかなる日本人像、そしてグローバル化しボーダレス化した世界的状況の裡で、いかなる人類像を創造しなければならないかという、大命題に応えるべく、強靭な志をもち、共に未来を語り共に希望を語りあえる状況を創ることこそ、私どもに課せられた最大の使命だと考えます。

ポプラ社は創業の原点にもどり、人々がすこやかにすくすくと、生きる喜びを感じられる世界を実現させることに希いと祈りをこめて、ここにポプラ新書を創刊するものです。

未来への挑戦！

平成二十五年　九月吉日　　株式会社ポプラ社